Kornelia Schlaaf-Kirschner | Diana A. Gerhardt

Portfolio-Vorlagen für Vorschulkinder

passend zum Beobachtungsbogen

Verlag an der Ruhr

Impressum

Titel

Auf einen Blick!

Portfolio-Vorlagen für Vorschulkinder – passend zum Beobachtungsbogen

Für Kita, Kindergarten und Vorschule

Autorinnen

Kornelia Schlaaf-Kirschner, Diana A. Gerhardt

Illustrationen im Buch

alle Illustrationen: © balabolka – Shutterstock.com

alle Rubriken-Icons: © Artco – stock.adobe.com

Cover-Abbildungen

interaktive-PDF-Icon: © Premium Art – Shutterstock.com

Beispielfoto: © Dragon Images – Shutterstock.com

Download-Icon: © by JJAVA – stock.adobe.com

Kindergruppe: © spass – stock.adobe.com

Lektorat

Verena Hafner, TEXTPUNKT, Wehringen

Druck

Heenemann GmbH & Co. KG, Berlin, DE

Verlag an der Ruhr

Mülheim an der Ruhr

www.verlagruhr.de

Geeignet für Kinder von 4–6 Jahren

ISBN 978-3-8346-6509-6

Inhaltsverzeichnis

Vorwort

Portfolio-Arbeit mit Vorschulkindern ist spannend und herausfordernd. Sie begegnen Kindern, die aus ihrer bisherigen Kindergartenzeit bereits vielfältige Erfahrungen und Kompetenzen mitbringen. Schauen Sie genau hin, um zu erfahren, was jedes Ihrer Vorschulkinder schon alles kann. Finden Sie gleichzeitig heraus, was jedes einzelne Kind noch lernen muss, um seinen Weg in die erste Klasse möglichst „stolperfrei" erleben zu können.

Beobachtungen auszuwerten und, darauf aufbauend, individuelle Fördermöglichkeiten zu entwickeln. Vorschulkinder gilt es gezielt herauszufordern, sodass sie ihr Wissen ausbauen und ihre Vorläuferfähigkeiten festigen können. Ein Portfolio ist dabei nicht nur eine Sammelmappe mit Bildern und Bastelarbeiten der Kinder. Portfolio-Arbeit ist mehr, nämlich die professionelle Auseinandersetzung mit und die Dokumentation der kindlichen Entwicklung!

Partizipation ermöglichen

Die Herausforderung in der Arbeit mit Vorschulkindern liegt darin, dass Sie nicht allein vorgeben, was das Kind lernen sollte – das Kind entscheidet maßgeblich mit über seine Bildungsplanung! Kinder im Vorschulalter wollen wissen, was passiert. Sie wollen mitreden und mitentscheiden. Sie wollen ihr erlerntes Wissen anwenden und ihre Interessen ausleben. Überlegen Sie deshalb mit Ihren Vorschulkindern gemeinsam, wie Ihre Zusammenarbeit aussehen soll. Schaffen Sie genügend Freiraum, damit die Kinder ihre kreativen Kompetenzen nutzen und aktiv an der Gestaltung der Vorschularbeit teilhaben können – eine Win-win-Situation für alle!

Vorschularbeit individuell begleiten ...

Eine individuelle Begleitung jedes Kindes ist wichtig. Sehen Sie sich als Entwicklungsbegleiter*in[1] und begeben Sie sich mit den Jungen und Mädchen auf eine gemeinsame Vorschulreise! Gehen Sie mit jedem Kind ins Gespräch, fordern Sie es auf, seine Ideen einzubringen, und erarbeiten Sie gemeinsam, wie sich diese Ideen umsetzen lassen. Das Vorschul-Portfolio bietet Ihnen dafür einen Schatz an Möglichkeiten!

... mit Portfolios!

In der vorschulischen Portfolio-Arbeit geht es darum, Kinder in all ihrer Individualität und mit ihren ganz persönlichen Kompetenzen zu beobachten, die

Dieses Praxisbuch richtet sich an pädagogische Fachkräfte – in Zusammenarbeit mit Eltern und Vorschulkindern im Alter von viereinhalb Jahren bis zur Einschulung. Nutzen Sie die Informationen, Tipps und Kopiervorlagen zur Inspiration und als Grundlage für Ihr pädagogisches Handeln. Lassen Sie sich auf das spannende Abenteuer ein, die Welt mit Kinderaugen zu sehen und als beobachtende Begleitperson die kindliche Entwicklung in der Vorschulzeit zu dokumentieren und zu fördern.

[1] Der Verlag an der Ruhr legt großen Wert auf eine geschlechtergerechte und inklusive Sprache. Daher nutzen wir neutrale Formulierungen oder das Gendersternchen, um alle Menschen, unabhängig von Geschlecht oder Geschlechtsidentität, einzuschließen.

Foto: © Ground Picture – Shutterstock.com

I. Portfolio-Basics

1.1 Portfolio – was steckt dahinter?

Entwicklungsdokumentation für Kinder
Das Portfolio ist eine Methode, die individuellen Lern- und Entwicklungsschritte, die Interessen, Fähigkeiten und Erlebnisse eines Kindes zu dokumentieren. Auf dieser Basis können die aktuellen Themen, die Motivation und die Aktivitäten des Kindes unterstützt und gefördert werden.

Eine wichtige **Grundlage der pädagogischen Arbeit** ist es, die individuelle kindliche Entwicklung zu beobachten und zu dokumentieren. Jedes Kind erhält sein eigenes Portfolio. Es ist individuell und somit einzigartig. Das Kind wird aktiv in die Gestaltung seines Portfolios einbezogen.

Das Portfolio ist **mehr als ein Tagebuch** und geht über die bloße Sammlung von Situationen hinaus. Es soll aufzeigen, dass und wie sich jedes einzelne Kind stetig entwickelt. So fühlen sich die Kinder gesehen und können entsprechend **begleitet und gefördert** werden. Zugleich bietet ein Portfolio in der Vorschularbeit die optimale Grundlage für Gespräche mit dem Vorschulkind, den Eltern oder für Fallbesprechungen im Team.

Die Besonderheit des Vorschul-Portfolios ist, dass das Kind in größerem Maße als bisher aktiv mitwirken und mit Ihnen über seine Entwicklung ins Gespräch gehen kann. Vorschul-Portfolio bedeutet, gemeinsam und demokratisch die Entwicklung des Kindes zu dokumentieren und zu unterstützen. Das gilt auch für Kinder mit Förderbedarf. Es geht darum, gemeinsam zu überlegen, wo das Kind steht, was es braucht und wie eine Unterstützung im Alltag konkret aussehen könnte.

Nico ist ein fünfjähriger Junge, der an vielen Dingen interessiert ist. Er weiß immer, was in der Gruppe passiert. Wenn Nico ein Spiel angefangen hat und sieht, dass sein Freund etwas anderes spielt, springt er auf, lässt alles liegen und begibt sich in die neue Situation. Das passiert mehrfach am Tag.
Nicos Erzieher Michael, der die Vorschulgruppe leitet, bittet den Jungen zum Gespräch. Er schildert ihm seine Beobachtungen. Beide überlegen gemeinsam, wie Nico es besser schaffen könnte, bei der Sache zu bleiben. Nico hat eine Idee und schlägt vor, dass der Erzieher ihn in den jeweiligen Situationen anspricht. Nico und Michael vereinbaren also, diese Idee auszuprobieren und sich eine Woche später noch einmal zu treffen, um Nicos Verhalten in Spielsituationen zu reflektieren. Sämtliche Beobachtungen und Gesprächsinhalte werden im Portfolio festgehalten.

Was gehört denn nun konkret in ein Portfolio? Das wichtigste Element sind Notizen zu **Beobachtungen** aus dem Alltag, die die kindliche Entwicklung dokumentieren. Diese können in Briefform formuliert werden, sodass das Kind direkt angesprochen wird. **Fotos und Kommentare** der Kinder, der Eltern und der Fachkraft ebenso wie kleine **Kunstwerke** der Kinder oder auch Schätze, wie Federn oder Blätter, sind schöne Ergänzungen. Neben dem Alltagsgeschehen schaffen **Gemeinschaftserlebnisse**, wie Ausflüge oder Gottesdienste, besondere Erinnerungs- und Beobachtungsanlässe.

Systematisches Vorgehen
Das Vorschulkind bringt Kompetenzen mit, sogenannte Vorläuferfähigkeiten (siehe Kap. 1.4). Diese sind eine wichtige Grundlage für die Kompetenzerweiterung mit Blick auf die Schule. Das Portfolio bietet Ihnen viele Arbeitsaufträge zur systematischen Beobachtung der individuellen kindlichen Entwicklung sowie praktische Ideen, die Sie mit jedem Vorschulkind gemeinsam erarbeiten können.

Praxistipp
Dieses Buch beinhaltet rund 50 praxiserprobte Kopiervorlagen für die Portfolio-Vorschularbeit im Kindergarten. In den kommenden Kapiteln erhalten Sie praktische Hinweise und Tipps, wie Sie mit den Vorlagen konkret arbeiten und dabei Eltern und Kinder beteiligen können.

1.2 Beobachtung als Basis

Kinder können ihre Erlebnisse und Bedürfnisse selbst in Worte fassen, wenn sie die Gelegenheit dazu bekommen. Was sie dafür brauchen, ist ein Gegenüber, das ihnen zuhört und sie ernst nimmt.

Die Basis, um die Kinder Ihrer Gruppe gut kennenzulernen, sind eine **genaue Beobachtung** und der Aufbau von Beziehungen. Wenn Sie sich ein Bild von einem Kind gemacht haben und eine **gute Verbindung** zu ihm pflegen, können Sie auch reagieren, wenn das Kind etwas auf dem Herzen hat, ein Problem besprechen oder Lernimpulsen nachgehen möchte.

Die Ideen in diesem Buch bieten gute Gelegenheiten, Ihre Beobachtungen zu einzelnen Vorschulkindern systematisch niederzuschreiben. **Strukturierte Beobachtungen** helfen, sich trotz des hektischen Alltags ein **umfassendes Bild** von jedem Kind zu machen. Nur so können Sie auch individuelle Bildungsangebote gestalten und anbieten und die Kinder bestmöglich auf die Schule vorbereiten.

?!

Grundlage individueller Förderung
Im Portfolio von Vorschulkindern befassen Sie sich mit den Kompetenzen, die notwendig sind, um sich im Schulalltag gut zurechtzufinden. Ihre Beobachtungen dienen einer individuellen Bildungs- bzw. Förderplanung für jedes Kind.

Mit Ziel und Zweck die Vorschularbeit begleiten

Beobachtung kann unterschiedliche Formen und Fokussierungen annehmen. Bedenken Sie immer, was Sie mit welchem Ziel beobachten:

- Will ich die Stärken des Kindes in den Fokus nehmen? Oder den Förderbedarf?
- Nehme ich mir Zeit für eine zielgerichtete Beobachtung über einen längeren Zeitraum? Oder genügen mir spontane Alltagsbeobachtungen?
- Wie kann ich Vorschulkinder unterstützen, damit sie mit Freude und Engagement ihren Lernthemen nachgehen?

1.3 Bildungsbereiche im Blick

Die Kindertagesstätte ist eine Bildungseinrichtung mit einem **Bildungsauftrag**. Das bedeutet, dass anhand individueller Beobachtungen jedes einzelnen Kindes eine Bildungsplanung erstellt wird. In diesen Förder- oder **Bildungsplan** gehören beispielsweise alle für den Übergang in die Schule erforderlichen Kompetenzen, wie sensorische, sozial-emotionale, kognitive, motorische, mathematische und naturwissenschaftliche, sprachliche und Alltagskompetenzen. Die Planung richtet sich dabei nach den Bedürfnissen und Stärken des jeweiligen Kindes.

WICHTIG!
Kinder entwickeln sich individuell und in ihrem eigenen Tempo. Dennoch gibt es Merkmale für eine idealtypische kindliche Entwicklung, die in den verschiedenen Lebensjahren deutlich werden. Die Kopiervorlagen für die Portfolio-Arbeit in diesem Buch (siehe Kap. 4) sind danach eingeteilt, implizieren aber nicht, dass die kindliche Entwicklung im Einzelfall immer genau so stattfindet!

Vorschularbeit ist individuell und vielfältig. Wir haben uns dazu entschieden, als Grundlage für unsere Portfolio-Vorlagen (siehe Kap. 4) die **Bildungs- und Kompetenzbereiche** aus dem *Beobachtungsbogen für Vorschulkinder* zu beschreiben:

Sensorische Kompetenzen

Hierbei geht es um alle Fähigkeiten des Kindes, bei denen es seine **Sinne** einsetzt. Das Vorschulkind kann über seine Sensorik, also seine **Wahrnehmung**, die äußeren Reize filtern, sodass es ihm selbst in einer lauten Umgebung gelingt, sein Spiel fortzuführen. Es ist in der Lage, konzentriert bei der Sache zu bleiben und Aufgaben ordentlich und in sinnvoller Reihenfolge zu erledigen. Die Kontaktaufnahme zu anderen Kindern verläuft rücksichtsvoll und es gelingt ihm, im Spiel seine Kraft angemessen einzusetzen. Seh- und Hörsinn sind so entwickelt, dass das Kind ohne Probleme dem Alltag folgen und sich gut orientieren kann. Es hat gelernt, seine Fähigkeiten gezielt einzusetzen und Tätigkeiten effektiv und überlegt durchzuführen. Eine gut entwickelte Wahrnehmung ermöglicht gute Lernprozesse.

Nach und nach erweitert das Kind sein Wissen über sich selbst und alles, was in seiner Umgebung passiert.

Wenn Sie sensorische Kompetenzen **beobachten** wollen, können Sie sich beispielsweise folgende Fragen stellen:

- Ist das Kind in angemessenem Maße aktiv?
- Bleibt es mit Ausdauer bei der Sache?
- Verrichtet es seine Aufgaben ordentlich?
- Konzentriert es sich auch in lauter Umgebung?
- Bleibt es bei Herausforderungen gelassen und ruhig?
- Handelt es effektiv und überlegt?

?!

Sensorisch bedeutet ...

... die Sinne betreffend. Über seine Sinne, also das Sehen, Hören, Fühlen, Schmecken und Riechen, sammelt das Kind Erfahrungen mit sich selbst und seiner Umwelt. Diese Erfahrungen werden umgesetzt, indem das Kind aufmerksam ist und in Kontakt mit anderen tritt, aber auch Erfahrungen mit seinem eigenen Körper sammelt (Selbstkontrolle und Selbstachtung).

Praxistipp

Räumliches Sehen ist wichtig, damit das Kind in der Lage ist, ein Arbeitsblatt sinnvoll aufzuteilen. Bieten Sie ausreichend Möglichkeiten, dies zu trainieren. Das bekannte Spiel „Ich sehe was, was du nicht siehst" regt Kinder beispielsweise dazu an, sich von ihrer jeweiligen Position aus im gesamten Raum umzusehen.
Aber auch von Ihnen benannte Gegenstände zu suchen und zu finden, macht Spaß und ist eine gute Übung!

Soziale und emotionale Kompetenzen

Fähigkeiten dieses Bereiches ermöglichen es dem Kind, sich mit anderen Kindern auseinanderzusetzen, Kontakte zu knüpfen und gemeinsam zu spielen. Das Vorschulkind hat in der **Auseinandersetzung** bereits gelernt, sein Gegenüber einzuschätzen. Rücksichtnahme, aber auch Durchsetzungsvermögen sind erlernte Kompetenzen.
Im **Umgang miteinander** hat das Kind Strategien entwickelt, die ihm helfen, in einer Gruppe zurechtzukommen. Das Vorschulkind kann seine **Gefühle** zum Ausdruck bringen. Zudem zeigt es ein empathisches Verständnis und kann sich gedanklich und gefühlsmäßig in die Lage eines anderen Menschen hineinversetzen.

Über seine Erfahrungen in der Gruppe lernt das Vorschulkind die Vorzüge der Teamarbeit kennen. Es profitiert vom demokratischen **Miteinander** und erlebt im Alltag, dass manche Dinge verhandelt werden müssen. So macht es zum einen die Erfahrung, sich durchzusetzen, indem es gute Argumente einbringt. Es erfährt aber ebenso, dass eigene **Bedürfnisse** manchmal zurückgestellt werden müssen. Die verschiedenen Erfahrungen regen die Selbstbildungspotenziale an – das Kind nutzt und erweitert seine Kompetenzen.

Foto: © Rawpixel.com – Shutterstock.com

Wollen Sie die sozialen und emotionalen Kompetenzen **beobachten**, können Sie sich folgende Fragen stellen:

- Zeigt das Kind emotionale Offenheit?
- Nimmt es Rücksicht auf andere?
- Ist es hilfsbereit?
- Setzt es sich für andere Kinder ein?
- Integriert es sich in seine Gruppe?
- Verhält es sich in Konfliktsituationen kooperativ?
- Kann es seine Gefühle benennen?
- Kann es Bedürfnisse zurückstellen?
- Kooperiert es mit anderen Kindern?
- Zeigt es Empathie?
- Zeigt es Konfliktlösungsstrategien?
- Hat es ein positives Selbstbild?
- Freut es sich auf die Schule?

Praxistipp

Kinder brauchen Herausforderungen. Führen Sie in Ihrer Vorschulgruppe Diskussionsrunden ein. Nehmen Sie ein aktuelles Thema aus der Zeitung, lesen Sie es vor und diskutieren Sie mit den Kindern über den Inhalt. Jede Tageszeitung hat eine Kinderseite, wo aktuelle Themen behandelt werden. Achten Sie in der Diskussion darauf, dass jedes Kind zu Wort kommt. Dabei lernen die Kinder nicht nur, zu argumentieren, sondern auch Rücksicht zu nehmen, andere ausreden zu lassen und zuzuhören – wichtige Kompetenzen für die Schulzeit!

Kognitive Kompetenzen

Dieser Kompetenzbereich zeigt sich in fantasiereichen Spielsituationen: Das Vorschulkind stellt erlebte Situationen differenziert nach. Für Konfliktsituationen werden im Rollenspiel **Lösungen** entwickelt. Das Kind konstruiert und baut nach einem Bauplan etwas auf. In Geschichten erkennt es **Zusammenhänge** und kann diese in eigenen Worten wiedergeben. Es bleibt mit Ausdauer bei der Sache. Die kreativen Kompetenzen haben sich im Vorschulalter insofern erweitert, dass das Kind Bilder mit Struktur und mit dem sogenannten Röntgenblick malt, also z. B. das Innenleben eines Wohnraumes differenziert zeichnet.

Das Streben des Vorschulkindes nach **Selbstständigkeit** hat zugenommen. Es möchte möglichst viel selbst machen. Es will, dass man ihm zutraut, Aufgaben zu übernehmen. Das Vorschulkind stellt sich neuen Situationen und Herausforderungen. Es verfügt über ausdauernde **Konzentration** und beteiligt sich aktiv an Projekten. Dabei zeigt es Neugier und **Interesse** und möchte seine Ideen an die anderen Beteiligten weitergeben.

Wenn Sie kognitive Kompetenzen **beobachten** wollen, sind folgende Fragen hilfreich:

- Kann das Kind seinen Namen und seine Adresse benennen?
- Benennt es Farben?
- Puzzelt es mindestens 20 Teile?
- Entwickelt es Lösungsstrategien?
- Versteht es Anleitungen oder Anweisungen?
- Geht es mit Leistungsanweisungen positiv um?
- Behält es die Übersicht im Gruppengeschehen?
- Strebt es nach Selbstständigkeit?
- Entwickelt es eigene Ideen?
- Interessiert es sich für aktuelle Themen?
- Kann es sich ausdauernd konzentrieren?
- Plant und gestaltet es Projekte aktiv mit?
- Ist es bereit, sich auf Neues einzulassen?

Praxistipp

Geben Sie einer Kleingruppe von Vorschulkindern ein Rätsel auf. Lesen Sie dieses vor oder visualisieren Sie es so, dass die Kinder allein damit zurechtkommen. Halten Sie sich im Hintergrund und beobachten Sie die Gruppe: Wer ist federführend, wer hält sich zurück? Wer übernimmt welche Rolle? Bei Bedarf unterstützen Sie einzelne Kinder oder die ganze Gruppe.

Alltagskompetenzen

Das Vorschulkind hat in den letzten Jahren schon viel gelernt. Jetzt gilt es, seine Alltagskompetenzen zu erweitern bzw. zu verfeinern.

Im Vorschulalter will das Kind vieles **selbstständig** machen. So geht es zur Toilette, putzt sich die Zähne und kann sich vor und nach dem Essen eigenständig die Hände und den Mund säubern. Auch ist es in der Lage,

den Tisch zu decken und abzuräumen. Generell ist das Kind zuverlässig, wenn es darum geht, Dinge ein- und wegzuräumen. Im Gruppenalltag übernimmt das Vorschulkind **Aufgaben** und erledigt diese gewissenhaft.

Im **Straßenverkehr** hat es gelernt, wie es sich verhalten muss. So weiß es, dass es bei Grün über die Straße gehen darf, den Zebrastreifen nutzen soll und zuerst nach links und dann nach rechts schauen muss, bevor es die Straße überquert.

Um Alltagskompetenzen zu **beobachten**, können folgende Fragen hilfreich sein:
- ➡ Ist das Kind geschickt in Alltagshandlungen (z. B. auf die Toilette gehen, Zähne putzen, Hände waschen)?
- ➡ Übernimmt es Aufgaben im Gruppenalltag?
- ➡ Räumt es seine Sachen auf?
- ➡ Kennt es die wichtigsten Verkehrsregeln und kann es diese umsetzen?

Praxistipp

Kinder, die sich mit Ordnung und Systematik schwertun, haben oft ein Problem in der Handlungsplanung. Eine Visualisierung des Tagesablaufs in Form eines Wandposters könnte hilfreich sein. Fotos, die die verschiedenen Funktionsbereiche im gewünschten Zustand zeigen, helfen Kindern ebenso wie mit Fotos versehene Kisten und Fächer.

Motorische Kompetenzen

Grobmotorische Fähigkeiten zeigen sich in der Freude an Bewegung: Spielgeräte auszuprobieren und immer wieder neue Herausforderungen zu meistern, unterstützt den Mut und die Neugier auf Neues. Das Vorschulkind rennt, hüpft und springt sicher und kann auf einem Balken oder einer Linie balancieren. Zu schaukeln und mitzuerleben, wie man durch eigene Technik in Schwung kommt, ist ein Erfolgserlebnis. Das Kind hat auch schon gelernt, wie es sich innerhalb der Gruppe bewegen muss, und kann seine Bewegungen entsprechend anpassen. Es hat Erfahrungen gesammelt, wie es auf Kinder oder Hindernisse zulaufen sollte, damit sich niemand verletzt. Es erkennt, wenn es stoppen muss oder ein Hindernis zu umgehen ist. In Sport und Spiel zeigt es vielfältige Geschicklichkeit und kann z. B. einen Ball mit beiden Händen sicher fangen.

Außerdem verfügt das Vorschulkind über ausgereifte **feinmotorische** Kompetenzen. Es greift sicher und mit Feingefühl. Es kann sauber ausmalen, sicher mit der Schere umgehen, seinen Namen schreiben und eine Schleife binden.

Wenn Sie motorische Kompetenzen **beobachten** wollen, können Sie sich folgende Fragen stellen:
- ➡ Ist das Kind grobmotorisch geschickt (z. B. beim Hüpfen, Klettern, Ballspielen)?
- ➡ Zeigt es eine gute Koordination in seinen Bewegungsabläufen?
- ➡ Passt es Bewegungen bewusst der Situation an?
- ➡ Ist es feinmotorisch geschickt?
- ➡ Greift es Gegenstände gezielt?
- ➡ Schneidet es sicher mit der Schere?
- ➡ Gelingt es ihm, sauber auszumalen?

Praxistipp

Gehen Sie mit einer Kleingruppe von Kindern in den Bewegungsraum oder in den Außenbereich. Bauen Sie einen Parcours mit Matten, Böcken und Schwebebalken auf und zeigen Sie, was an den einzelnen Stationen zu tun ist. Dann vereinbaren Sie, dass die Kinder nun alles ausprobieren dürfen. Wenn Sie z. B. in die Trillerpfeife blasen, bleiben alle stehen und verharren in ihrer Position. Beim nächsten Pfiff geht es weiter! Bei diesem Spiel können Sie die Kinder gut beobachten und feststellen, wo Einzelne ihre motorischen Stärken, aber auch Förderbedarfe haben.

Mathematische und naturwissenschaftliche Kompetenzen

Das Vorschulkind beschäftigt sich mit **Formen**. Es malt Quadrate, Dreiecke oder Kreise auf ein Blatt, legt sie mit Bausteinen nach und kann sie benennen. Ein Zahlenverständnis hat sich aufgebaut und das Kind ordnet **Mengen und Zahlen** zu. Es geht spielerisch mit den Zahlen bis 10 um. Es hat ein Mengenverständnis entwickelt, weiß also z. B., dass die 4 in der 10 enthalten ist, kann „mehr" oder „weniger" erkennen und Mengen in Relation zueinander setzen. Auch ist es in der Lage, Muster zu vervollständigen oder diese nachzulegen.

Das Vorschulkind zeigt **Interesse an Naturphänomenen**. Es beobachtet die Natur und stellt Fragen zu deren Besonderheiten, z. B. warum das Wetter im April so wechselhaft ist, woher Blitz und Donner kommen oder wie Schnee entsteht. Das Kind interessiert sich zunehmend für **Experimente** und möchte diese eigenständig durchführen. Es kann danach verständlich von seinen Erfahrungen berichten.

Um mathematische und naturwissenschaftliche Kompetenzen zu **beobachten**, sind folgende Fragen hilfreich:

- ➡ Erkennt das Kind geometrische Formen?
- ➡ Benennt es geschriebene Zahlen?
- ➡ Kann es bis 20 zählen?
- ➡ Ordnet es Mengen und Zahlen zu?
- ➡ Kann es Dinge nachbauen (z. B. mit Bausteinen)?
- ➡ Vervollständigt es Muster?
- ➡ Beobachtet es die Natur?
- ➡ Erkennt es Naturphänomene und kann es sie beschreiben?
- ➡ Kann es Tiere benennen?

Praxistipp

Stellen Sie den Kindern Gefäße verschiedener Größen zur Verfügung, z. B. ein hohes, dünnes Glas, ein breites Glas, ein bauchiges Glas usw. Dann bekommt jedes Kind eine Kanne mit einem halben Liter Wasser. Aufgabe ist es nun, zu testen, wie viel Wasser in die verschiedenen Gefäße hineinpasst. Beobachten Sie die Kinder bei ihren Versuchen und unterstützen Sie, wenn nötig.

Sprachliche Kompetenzen

Das Vorschulkind zeigt im Alltag **Sprechfreude**. Es kann zielgerichtet hören und reagiert auch bei lautem Gruppengeschehen. Es beherrscht mittlerweile komplexe **Sprachstrukturen** und setzt die grammatikalischen Grundregeln um. Sein Interesse an Büchern wird deutlich. Es erzählt differenziert, was es spielt oder was es erlebt hat. Kurze Geschichten kann es sinngemäß wiedergeben. Das Vorschulkind zeigt Interesse an Sprache und stellt **Fragen zu Wortbedeutungen**. Es findet vorgegebene Reimwörter und ist kreativ bei der Suche nach neuen Reimwörtern. Silben zu klatschen, beherrscht es ebenso, wie Quatschwörter zu erfinden. Sein Interesse an Buchstaben und Zahlen zeigt sich im Alltag immer mehr. Es **führt Gespräche**, kann Argumente liefern und diskutieren.

Das Vorschulkind möchte Antworten auf **„Wenn-dann-Fragen“** haben. Es ist wissbegierig und braucht Erklärungen. Weitere Kompetenzen zeigt es, indem es mehrere Handlungsaufträge der Reihenfolge nach erledigt. Seine Selbstbildungspotenziale ermöglichen dem Kind nun, einen **umfassenden Wortschatz** im Alltag zu nutzen.

Wollen Sie sprachliche Kompetenzen **beobachten**, sind folgende Fragen relevant:

- ➡ Reagiert das Kind auf Zuruf?
- ➡ Reagiert es auch bei lautem Gruppengeschehen?
- ➡ Erklärt es, was es spielt?
- ➡ Zeigt es Interesse an Büchern?
- ➡ Versteht es Inhalte und Zusammenhänge einer Geschichte?

- Zeigt es Sprechfreude?
- Hat es einen umfassenden Wortschatz?
- Spricht es deutlich?
- Bildet es Laute fehlerfrei?
- Verwendet es Artikel richtig?
- Verwendet es „auf", „unter", „neben" usw. korrekt?
- Erzählt es Erlebnisse in logischer Reihenfolge?
- Kann es „Wenn-dann-Fragen" beantworten?
- Bezieht es sich bei „wir" mit ein?
- Zeigt es Interesse an Buchstaben und Zahlen?
- Weiß es, was mit „rechts" und „links" gemeint ist?
- Kann es sich gedanklich in sein Gegenüber hineinversetzen und zeigt es dies durch nachvollziehbare Erzählungen?

Praxistipp

Mit dem „Buchstabenspiel" erweitern Ihre Kinder ihren Wortschatz: Verstecken Sie Buchstaben (z. B. aus Holz/Moosgummi oder auf Pappkärtchen) unter einem Tuch. Ein Kind darf einen Buchstaben unter dem Tuch hervorholen. Wird z. B. das „B" gezogen, suchen die Kinder möglichst viele Wörter, die mit „B" anfangen: Brot, Butter Blume, Bad usw. Indem die Kinder den Buchstaben sehen und passende Wörter dazu hören, erweitern sie ihren Wortschatz.

Projekte – ein Schatz der Bildungsarbeit!

Projekte sind für die Vorschulzeit besonders wichtig, denn sie umfassen alle Bildungsbereiche. In einem Projekt, das gemeinsam geplant, entwickelt und durchgeführt wird, werden alle Wahrnehmungsbereiche gefordert und gefördert. Jedes Kind kann, seinen individuellen Möglichkeiten entsprechend, agieren. Es nutzt zuerst seine Stärken und wagt nach und nach, Dinge zu tun, die es (noch) nicht so gut kann. Im Projekt lernen Sie die Kompetenzen der einzelnen Kinder schnell kennen und können entsprechend reagieren.

Praxistipp

Kinder ganzheitlich zu betrachten, ist heute in der pädagogischen Arbeit selbstverständlich. Beobachtungsverfahren helfen Ihnen, Ihren Blick auf das Kind in den vielfältigsten Situationen des Betreuungsalltags bewusst einzusetzen. Der *Beobachtungsbogen für Vorschulkinder* ist strukturiert nach Bildungsbereichen. Neben konkreten Beobachtungstools erhalten Sie hier wertvolle Tipps und praktische Hinweise für Ihre pädagogische Arbeit.

1.4 Vorläuferfähigkeiten unterstützen

Der Übergang von der Kita in die Schule erfordert von Kindern eine enorme **Anpassungsleistung**. Verfügen sie über entsprechende Vorläuferfähigkeiten, fällt ihnen dieser große Schritt leichter. Doch welche Fähigkeiten sind damit konkret gemeint? Den eigenen Namen schreiben können? Ein Zahlen- und Mengenverständnis haben? Formen und Farben kennen?

?!

Was sind Vorläuferfähigkeiten?

Vorläuferfähigkeiten sind diejenigen Kompetenzen, die ein Kind idealerweise bis zu seiner Einschulung erworben haben sollte. Sie sind die notwendige Basis, um Lesen, Schreiben und Rechnen zu lernen, sich aber auch generell im Kontext von Schule gut zurechtzufinden.

Einige praktische Beispiele

Wenn wir von Vorläuferfähigkeiten sprechen, geht es um mehr, als „nur" seinen Namen schreiben zu können und den Stift richtig zu halten. Die Vorläuferfähigkeiten versetzen ein Kind beispielsweise in die Lage, **Handlungspläne** zu erstellen: „Ich möchte ein Floß für den Gartenteich bauen. Dafür brauche ich Holz. Und ich muss in Erfahrung bringen, wie das überhaupt geht. Ich frage einmal meine Erzieherin oder …" In der Schule müssen sich Kinder deutlich mehr selbst organisieren als in der Familie oder der Kita. Eine gute Handlungsplanung ermöglicht es ihnen, sich gut auf Lernthemen einzulassen und Aufgaben zu lösen.

Die Fähigkeit, **Handlungsalternativen** zu entwickeln, ist notwendig, um Lernprozesse eigenständig voranzubringen: „Für das Floß brauche ich gerade gewachsene Holzstücke, ich habe aber überwiegend krumme. Vielleicht kann ich daraus ein Boot bauen. Oder ich schlage vor, dass wir noch einmal in den Wald gehen. Oder …"

Um Neues zu erfassen, zu verstehen und sich damit auseinanderzusetzen, sind **Sprachkompetenz und Dialogfähigkeit** unabdingbar. Im Gespräch mit anderen, für Beiträge im Unterricht oder für Nachfragen brauchen Kinder Sicherheit im Sprachgebrauch und die Abstraktionsfähigkeit, das Gesagte so zu formulieren, dass die Klasse und/oder die Lehrkraft den Inhalt versteht. Damit verbunden ist zugleich die Fähigkeit, einen Perspektivwechsel einzugehen, was insbesondere bei Partnerarbeiten wichtig ist.

Sozial-emotionale Kompetenzen gehören ebenfalls zu den Vorläuferfähigkeiten und sind grundlegend für den Schritt von der Kita in die Grundschule. Im Klassengeschehen und auf dem Pausenhof ist es wichtig, seine Bedürfnisse äußern zu können und für sich einzustehen, gleichzeitig aber auch Rücksicht auf andere zu nehmen und zu kooperieren. Eine besondere Kompetenz ist die **Teamfähigkeit**. Dazu gehört, sich für die Themen einer Gruppe einzusetzen, im Team an einem Thema zu arbeiten, eigene Vorstellungen zurückzustellen und gemeinsam demokratisch ein Ziel zu verfolgen. Kinder brauchen außerdem ausreichend Frustrationstoleranz, um Enttäuschungen oder das Misslingen einer Aktion in eine Lernerfahrung umwandeln zu können.

WICHTIG!

Je früher wir ein Kind in der Entwicklung seiner Vorläuferfähigkeiten unterstützen, desto größer ist die Chance einer weiteren positiven Entwicklung. Schule erwartet viel mehr Autonomie von Kindern als Kindergarten und Familie – bereiten wir die Kinder also kompetent auf das Leben vor! Eine Auswahl der wichtigsten Lernbereiche greifen wir in den Kopiervorlagen für die Portfolio-Arbeit (siehe Kap. 4) auf.

Vorschularbeit von Anfang an

Üblicherweise kursiert in unseren Köpfen die Vorstellung, dass Vorschularbeit sich auf die professionelle Begleitung und Förderung eines Kindes im letzten Jahr vor der Einschulung bezieht. Genau genommen, ist jedoch jedes Kind von Geburt an bis zu seiner Einschulung ein Vorschulkind. Vorschularbeit findet also alltagsintegriert in der gesamten Kita-Zeit statt.

1.5 Portfolio-Arbeit ist immer inklusiv!

Nicht jedes Kind entwickelt sich strikt nach Lehrbuch. Möglicherweise zeigen sich im Laufe der Kindergartenzeit **Förderbedarfe** und Sie fragen sich, wie die Portfolio-Arbeit sinnvoll fortgeführt werden kann.
In diesem Fall ermöglicht Ihnen die Vielzahl Ihrer Beobachtungen, **pädagogische Handlungsstrategien** zu entwickeln. Hier sind Sie mit Ihrem Fachwissen gefragt: Sie stellen Überlegungen an, was das Kind aktuell benötigt, damit sich aus einem Förderbedarf eine Stärke entwickelt.

Eva, ein fünfjähriges Mädchen mit Förderbedarf, spielt immer wieder mit einem siebenteiligen Puzzle. Sie tut dies, weil sie das Puzzle kennt und weiß, wie sie vorgehen muss. Ein mehrteiliges Puzzle mit 10 bis 15 Teilen stellt eine Herausforderung dar. Eva müsste ihr Handeln neu planen, was ihr schwerfällt. Unterstützen Sie, indem Sie gemeinsam mit dem Mädchen ein anderes Puzzle aussuchen und legen. Eva braucht einige Wiederholungen, um sich den neuen Lernweg einzuprägen.

WICHTIG!

Die Unterstützung individueller Fähigkeiten fördert die Selbstbildungspotenziale, weil das Kind vermittelt bekommt, dass es etwas erreichen kann. So wird es ermutigt, sich an Dinge zu wagen, die es bisher vermieden hat. Zentral ist eine enge Begleitung.

Flexibel und individuell

Eine inklusive Pädagogik handelt immer im **Hier und Jetzt**. Warum ist das so? Um Kindern gerecht zu werden, müssen Sie **flexibel sein**. Es geht darum, Handlungsalternativen zu entwickeln, um kurzfristig eine passende Lösung für das Kind zu finden.

> *Wilhelm kommt morgens sehr unruhig in der Kita an. Auf die Situation, die seine Erzieherin ihm anbietet, will er sich nicht einlassen. Vielleicht hilft es Wilhelm, erst einmal draußen zu spielen, damit er sich ausagieren und beruhigen kann? Oder braucht er eher eine gemütliche Ecke, um in Ruhe anzukommen?*

Eine gute Portfolio-Arbeit ist immer auch inklusiv. Denn durch den **individuellen Blick** auf jedes einzelne Kind können Sie passende Fördermaßnahmen ergreifen. Eine **individuelle Bildungsplanung** ermöglicht einen stressfreien Umgang miteinander. Kinder mit einem inklusiven Förderbedarf fordern Sie heraus. Sie werden aufgefordert, im Alltag aktuell und individuell zu planen bzw. zu handeln. Fragen Sie sich:

- ➡ Haben wir genügend Informationen über das Kind bekommen?
- ➡ Ist die Elternkooperation gewährleistet? Sind wir im engen Austausch?
- ➡ Haben wir Zeit, das Kind morgens in Empfang zu nehmen und festzustellen, wie es in der Kita ankommt?
- ➡ Was können wir tun, um dem Kind Teilhabe im Alltag zu ermöglichen?
- ➡ Gibt es Absprachen im Team? Sind alle informiert über Vorgehensweisen, die das Kind betreffen? Können wir uns kurzfristig absprechen?
- ➡ Führen wir regelmäßig kindzentrierte Fallbesprechungen durch?
- ➡ Dokumentieren wir unsere Beobachtungen zum Kind?
- ➡ Nutzen wir unsere Beobachtungen, um eine Bildungsplanung zu erstellen?
- ➡ Wie sehen die Rahmenbedingungen in der Gruppe aus?
- ➡ Was können wir tun, damit das Kind Chancen hat, allein bzw. mit anderen Kindern zu spielen?
- ➡ Arbeiten wir mit Therapeut*innen oder der Frühförderung zusammen?

Praxistipp

Die klassische Pädagogik in der Kita hat sich verändert. Sie müssen das einzelne Kind individuell beobachten und Rückschlüsse aus Ihren Beobachtungen ziehen. Themenzentrierte Fortbildungen helfen Ihnen, Kinder inklusiv zu betrachten und entsprechend mit ihnen umzugehen. Eine Fallsupervision kann Sie in Ihrer Arbeit weiterbringen. Manchmal hilft ein Austausch mit Außenstehenden, die wertvolle Denkanstöße geben.

1.6 Hochbegabung und Förderbedarf

Abweichendes Verhalten von Vorschulkindern und auffällige Unterschiede in der Entwicklung können verschiedene Ursachen haben. Eine Ursache kann in der **Ausprägung der Intelligenz** liegen. Kinder, die sich überwiegend über- oder unterfordert fühlen, sind enormem Stress ausgesetzt. Deshalb ist es wichtig, dies so früh wie möglich zu erkennen. Die Portfolio-Arbeit mit Vorschulkindern eignet sich hierfür optimal, denn das Kind hat die Möglichkeit, seine Themen, Wünsche und Vorstellungen zu besprechen und mitzugestalten.

Nicht immer ist auf den ersten Blick ersichtlich, ob ein Kind eine **Minder- oder eine Hochbegabung** hat. Die Beobachtungen aus einer systematischen, vorschulischen Portfolio-Arbeit helfen Ihnen dabei, die individuellen Begabungen eines Kindes zu erkennen:

Hochbegabte Vorschulkinder

- ➡ zeigen früh Interesse an Zahlen oder Buchstaben;
- ➡ haben eine gute Auffassungsgabe und können sich Fakten und komplexe Sachverhalte gut einprägen;
- ➡ können differenziert beobachten, ihre Beobachtungen wiedergeben und Schlüsse daraus ziehen;
- ➡ haben ein ausgeprägtes Gespür für Grammatik;
- ➡ sind sprachlich oft gut aufgestellt, diskutieren gern und ausdauernd;
- ➡ verfügen zum Teil über ausgeprägtes Detailwissen;
- ➡ fallen manchmal dadurch auf, dass sie sich im Kontakt mit anderen Kindern schwertun;
- ➡ …

WICHTIG
Diese Aufzählung ist nicht vollständig und dient in keiner Weise einer Diagnose. Sie bietet jedoch eine erste Orientierungshilfe, wenn Sie bei einem Kind eine besondere Begabung vermuten.

Vorschulkinder mit Förderbedarf

- zeigen häufig Entwicklungsbesonderheiten;
- verstehen Anweisungen nicht auf Anhieb;
- reagieren nicht den Erwartungen entsprechend;
- benötigen visuelle Unterstützung, um Dinge nachvollziehen zu können (z. B. Reihenfolge des Anziehens, Tischdecken, Verstehen von Spielregeln, Zuhören beim Vorlesen);
- können leichter in der Kleingruppe lernen;
- brauchen Ruhe, um Dinge zu verstehen;
- benötigen Rahmenbedingungen, die individuell auf sie abgestimmt sind;
- …

Förderbedarfe können bei Vorschulkindern so vielfältig und individuell sein, dass nicht alle hier aufgeführt werden können. Einen möglichen Förderbedarf stellen Sie fest, wenn Sie ein Kind eine Zeit lang kennen und beobachtet haben. Hierfür sind Ihre Portfolio-Notizen von ganz besonderer Bedeutung.

Der Vielfalt gerecht werden
Jedes Kind hat das Recht auf eine individuelle Förderung. Ihre Beobachtungen sowie die kindzentrierte Fallbesprechung im Team (siehe Kap. 2.3) sind eine gute Basis, um für jedes Kind eine individuelle Förder- bzw. Bildungsplanung zu erstellen.

WICHTIG!
Holen Sie immer die Eltern ins Boot. Teilen Sie ihnen Ihre Beobachtungen mit und überlegen Sie gemeinsam, ob ein Besuch bei einem Kinderarzt, einer Kinderärztin oder einem Frühförderzentrum, in dem interdisziplinär gearbeitet wird, angezeigt ist. Entsprechende Expert*innen stellen dann eine Diagnose und machen Vorschläge für das weitere Vorgehen.

1.7 Partizipation

Vorschulkinder haben in der Kita bereits demokratisches Handeln gelernt. Zu diskutieren und die Kinder nach ihren Wünschen und Vorstellungen zu fragen, ist in der Kita-Praxis mittlerweile selbstverständlich. Denn: Partizipation ist ein **Grundrecht**! Aber was bedeutet Partizipation in der Kita eigentlich konkret?

Foto: © Rawpixel.com – Shutterstock.com

Es gibt drei Prinzipien der Partizipation:

- **Information:** Kinder haben das Recht, über Dinge, die sie betreffen, altersgerecht und angemessen informiert zu werden.
- **Mitwirkung:** Kinder müssen wissen, wie sie ihre Interessen kundtun können. Sie brauchen Erwachsene, die sie dabei begleiten, für ihre Interessen einzustehen.
- **Freiwilligkeit:** Jedes Kind muss selbst entscheiden dürfen, ob und in welchem Umfang es von seinem Mitspracherecht Gebrauch machen will.

Partizipation bedeutet nicht nur, Kinder aktiv einzubinden, sondern auch, das erwachsene **Handeln zu erklären**. Es ist leicht, etwas zu verbieten – zentral ist jedoch, deutlich zu machen, *warum* etwas verboten wird. Auch **Regeln zu überdenken** und gegebenenfalls über Bord zu werfen, gehört zum demokratischen Umgang mit Kindern dazu.

WICHTIG!

Um Partizipation konsequent zu leben, ist ein gutes Beschwerdemanagement wichtig, das nicht nur Fachkräften und Eltern, sondern auch den Kindern bekannt ist und von ihnen akzeptiert wird. Beschwerdemanagement bedeutet, Kindern eine Stimme zu geben und sie zu befähigen, sich für ihre eigenen Bedürfnisse und Interessen einzusetzen. So lernen sie, dass sie ihrer Umwelt nicht sprach- und machtlos ausgeliefert sind, sondern für ihre Bedürfnisse einstehen, als Akteurinnen und Akteure mitwirken und Entscheidungen beeinflussen können – eine sehr wertvolle Erfahrung für Schule und Leben!

Partizipatorisch vorgehen …

Die Kunst für die pädagogische Fachkraft besteht darin, sich immer wieder **flexibel** auf die Ideen der Kinder einzulassen. Jede*r darf Gedanken und Wünsche äußern und erfahren, dass diese **gehört und ernst genommen** werden. Partizipatorisch mit Kindern zu arbeiten, heißt, dass diese mitgestalten und ihre Kompetenzen einbringen können. Diskussionen und Auseinandersetzung in der Gruppe sind selbstverständlich. Über Angebote wird demokratisch abgestimmt und die Mehrheit entscheidet.

Kindzentrierte Haltung

Kinder brauchen Erwachsene, die ihnen zuhören. Die ihnen über Blickkontakt, über verbale und nonverbale Signale zeigen, dass sie ihre Botschaften als wichtig erachten, und entsprechend reagieren. Indem Sie sich zugewandt zeigen, dem Kind zuhören und seine Gefühle verbalisieren, schaffen Sie den Rahmen dafür, dass es eigenständig Lösungswege findet.

… in der Portfolio-Arbeit

Für die Portfolio-Arbeit bedeutet das, die Kinder **aktiv teilhaben** zu lassen. Das Vorschul-Portfolio bietet die Chance, einen demokratischen Umgang zwischen den Kindern und Ihnen zu leben. Das Vorschulkind kann Einträge schon selbstständig gestalten. Es wird selbstverständlich bei Elterngesprächen mit einbezogen. Es darf seine Meinung äußern und mitbestimmen, wenn es um seine Förderplanung geht. Das Kind wird von Anfang an zum **Experten für sein Portfolio** erklärt. Ausschließlich das Kind bestimmt, wer in den Ordner hineinschauen darf, was in den Ordner eingeheftet wird und wie dieser gestaltet werden soll!

WICHTIG!

Partizipation bedeutet auf keinen Fall: „Ich erkläre dir die Welt!" Partizipation bedeutet vielmehr: „Ich biete dir ein anregendes Umfeld und höre dir zu. Wenn du möchtest, unterstütze ich dich in dem, was dich interessiert."

2. Das Portfolio-Dreieck

Beziehen Sie die Vorschulkinder selbst, aber auch die Erziehungsberechtigten aktiv in die Portfolio-Arbeit ein. So können im pädagogischen, wie auch im familiären Alltag die Kompetenzen, Ressourcen und **Perspektiven aller Beteiligten** optimal genutzt werden.

Das Dreieck aus Kind, Eltern und pädagogischer Fachkraft ermöglicht über die **gemeinsame Erarbeitung von Ideen**, einen Entwicklungsraum für das Kind zu schaffen. Alle Beteiligten wirken aktiv an dem andauernden Portfolio-Prozess mit. Auf diese Weise kann das Portfolio zu einer **wahren Schatztruhe** werden – für Ihre pädagogische Arbeit, für Ihre Elternarbeit und für Ihre Kinder!

WICHTIG!
Das Einbeziehen der Eltern bzw. Erziehungsberechtigten ist im Rahmen der Vorschularbeit unerlässlich. Denn hier vermitteln Sie, wie wichtig es ist, ein Kind (auch zu Hause) gut zu beobachten, um Entwicklung zu erkennen – ein wichtiges Learning für das spätere Schulleben! Das bedeutet: Alle Beteiligten übernehmen Verantwortung für das Kind und begleiten es in der Vorschularbeit. Gleichzeitig wird deutlich, dass differenziertes Beobachten jedes einzelnen Kindes ein Qualitätsmerkmal Ihrer Kindertagesstätte ist.

Die pädagogische Fachkraft

Die Kita hat nicht nur einen Betreuungs-, sondern auch einen **Bildungsauftrag**. Als pädagogische Fachkraft haben Sie jedes einzelne Kind Ihrer Gruppe im Blick, sodass Sie auch für jedes eine individuelle Bildungsplanung erstellen können.

Der **Übergang von der Kita in die Schule** stellt für jedes Kind eine besondere Herausforderung dar. In der vorschulischen Portfolio-Arbeit geht es darum, die Vorläuferfähigkeiten des Kindes (siehe Kap. 1.4) zu erkennen, dem Kind diese aufzuzeigen und gemeinsam mit ihm seinen Entwicklungsweg zu erarbeiten. Ein Kind, das sich ernst genommen fühlt und mitplanen darf, gewinnt an Selbstwertgefühl. Es traut sich an Herausforderungen heran, die es vielleicht bisher gemieden hat. Diese **Entwicklungsarbeit** in der Vorschulzeit ist ein wichtiger Prozess. Mit Ihrer Haltung ebnen Sie den Kindern den Weg in Richtung Schule!

Mit gut gepflegten Portfolios haben Sie die **individuelle Entwicklung jedes Kindes** im Fokus und können so konkrete Fördermöglichkeiten entwickeln. Durch die gemeinsame Arbeit mit allen Beteiligten erhalten Sie **Einblicke in Entwicklungsfelder**, zu denen Sie sonst im Kindergarten keinen Zugang hätten. Darüber hinaus bietet der Portfolio-Ordner eine gute **Grundlage für Entwicklungsgespräche** mit Eltern und/oder kindzentrierte Fallbesprechungen im Team.

WICHTIG!
Sie sind eine enge Bezugs- und Bindungsperson für die Ihnen anvertrauten Kinder. Gemeinsam und im engen Austausch mit den Erziehungsberechtigten schaffen Sie die Rahmenbedingungen, die dem Vorschulkind helfen, sein Potenzial zu nutzen. Eine gemeinsame Bildungsplanung in der Vorschulzeit ermöglicht dem Kind, für sich Verantwortung zu übernehmen und seinen Alltag aktiv mitzugestalten. Das ist eine wichtige Voraussetzung für den zukünftigen Grundschulalltag.

Die Eltern

Eltern lernen über das Portfolio ebenfalls **Facetten ihres Kindes** kennen, die ihnen vielleicht ohne diese Form der Dokumentation verborgen blieben. Durch Ihre professionelle Beobachtung und Auswertung dokumentieren Sie die kindliche Entwicklung auch für die Eltern. Führen Sie gemeinsame **Entwicklungsgespräche** mit Kind und Eltern. Das Kind als gleichberechtigte*r Gesprächspartner*in kann mit Ihrer Unterstützung den Eltern seine Entwicklung beschreiben. So zeigt und stärkt es seine Kompetenzen.

Das Kind

Durch die gemeinsame Portfolio-Arbeit fühlt sich das Kind wahrgenommen und gesehen. Es kann wieder und wieder seine **Selbstwirksamkeit erleben**. Es kann seine eigene Entwicklung verfolgen und selbst entscheiden, was es lernen möchte. Darüber ist es mit Eltern und Fachkräften im Kontakt.

In einer gezielt **lernanregenden Umgebung** wird das Kind, dem eigenen „Lernfenster" entsprechend, diejenigen Dinge lernen wollen, die aktuell wichtig sind. Grundlage dafür sind Ihre Beobachtungen. Ein genaues Hinsehen mit einem systematischen Beobachtungsverfahren hilft Ihnen, die Stärken, aber auch die Förderbedarfe des Kindes zu erkennen. Die erlernten **Vorläuferfähigkeiten** (siehe Kap. 1.4) kommen in der Vorschulzeit zum Tragen. Das bereits erworbene Wissen wird nun mehr und mehr angewendet und perfektioniert.

WICHTIG!
Mit einem Portfolio-Dreieck schaffen Sie eine bedeutende Arbeitsgrundlage, an der pädagogische Fachkräfte, Eltern und Kind beteiligt sind. Die gemeinsame Arbeit am Vorschul-Portfolio liefert wertvolle Erkenntnisse, Förderideen und Gesprächsanlässe für alle Beteiligten!

2.1 Arbeit mit dem Kind

Am besten binden Sie die Kinder Ihrer Gruppe schon weit vor der Vorschulzeit, also vom ersten Tag an, aktiv in die Portfolio-Arbeit ein! Dadurch erfahren sie nicht nur Ihre **Zuwendung**, sondern auch ihre eigene **Selbstwirksamkeit**. Das stärkt wiederum das Selbstbewusstsein und die Autonomie. In einer demokratisch geprägten Umgebung lernen Kinder, dass ihre Meinung gehört und berücksichtigt wird.

Das Vorschul-Portfolio ist ein gemeinsames Projekt: Das Kind ist aktiv an der Gestaltung seines Ordners beteiligt – Sie unterstützen dabei und schreiben außerdem Ihre Beobachtungen auf. Ein Kind, das sich von Ihnen ernst genommen fühlt und Ihnen vertraut, wird sich gern auf die Zusammenarbeit einlassen.

Den Ordner gestalten und füllen

Gestalten Sie gemeinsam mit dem Kind seinen Portfolio-Ordner, indem es ihn **bekleben, bemalen** oder in jeder anderen Form zu seinem ganz persönlichen Aufbewahrungsort machen darf.

Erklären Sie dem Kind, was es mit dem Portfolio-Ordner auf sich hat und wie Sie diesen im Laufe der Zeit gemeinsam füllen werden: Im Vorschul-Portfolio geht es um den gemeinsamen Blick auf die bisher erlangten Fähig- und Fertigkeiten, das Wissen, die Wünsche und Vorstellungen des Kindes – und die **gemeinsame Überlegung**, wie das Kind in seiner Weiterentwicklung unterstützt werden kann.

Praxistipp
Eine Protokollvorlage für ein Erstgespräch mit dem Kind finden Sie im Anhang (S. 77).

WICHTIG!
Das Vorschulkind ist ein enger Kooperationspartner von Ihnen. Sie besprechen Ihre Beobachtungen mit dem Kind und überlegen gemeinsam, wie die nächsten Lernschritte aussehen können. Sie bereiten Elterngespräche zusammen mit dem Kind vor und unterstützen es dabei, selbst zu berichten, was es alles gelernt hat und was es noch lernen möchte.

Im Alltag werden Sie das Vorschulkind immer wieder auffordern, von sich zu **erzählen** und sein Spiel und seine Erlebnisse zu **beschreiben**. Alles, was dem Kind wichtig ist, halten Sie im Portfolio fest. Ihre eigenen Beobachtungen und Notizen sowie Fotos reflektieren Sie gemeinsam mit dem Kind. Auch die Kommentare und Gedanken des Kindes dazu notieren Sie im Portfolio.

Erklären Sie dem Kind, dass seine Eltern/Erziehungsberechtigten mitmachen werden, indem sie zu verschiedenen Zeiten **Briefe an das Kind schreiben** werden. Machen Sie dem Kind das Angebot, regelmäßig seinen Portfolio-Ordner anzuschauen und ihm die Briefe vorzulesen.

WICHTIG!
Der Portfolio-Ordner gehört dem Kind. Stellen Sie klare Regeln auf: Andere Kinder oder die Eltern haben beispielsweise nur das Recht, einen Blick in den Ordner zu werfen, wenn das Kind es ausdrücklich gestattet. Respektieren Sie unbedingt die Wünsche der Kinder. Meist sind diese aber sehr stolz auf ihre Einträge und wollen sie auch gern zeigen.

2.2 Kooperation mit den Eltern

Das Kind ist nun ein Vorschulkind und geht mit großen Schritten auf einen neuen Lebensabschnitt, nämlich die Schule, zu. Laden Sie deshalb die Eltern oder Erziehungsberechtigten dazu ein, gemeinsam mit Ihnen ein umfassendes Vorschul-Portfolio zu gestalten, und gehen Sie eine gute und tragfähige **Zusammenarbeit mit den Familien** ein. Die Perspektive der Eltern kann sehr wertvoll für Sie sein – und umgekehrt!

Informieren und informieren lassen

Nutzen Sie das Vorschul-Portfolio, um **Eltern zu informieren**, welche Aufgaben und Aktivitäten in der nächsten Zeit auf das Kind zukommen. Beschreiben Sie, was ein Kind können sollte, wenn es in die Schule kommt. Danach richtet sich auch Ihr pädagogisches Angebot in der Vorschulzeit.

Unterstützen Sie Eltern, wenn **Fragen zur Erziehung** auftreten. Erklären Sie, wie kindliche Entwicklung funktioniert und was Kinder für eine gesunde Entwicklung brauchen.

Laden Sie die Eltern gleichzeitig dazu ein, aktiv mitzuwirken: Indem Sie das Portfolio zwischen Elternhaus und Einrichtung pendeln lassen, gewährleisten Sie **wechselseitige Information** und bestmögliche Unterstützung der kindlichen Entwicklung. So können alle Beteiligten gemeinsam an einem Thema arbeiten. Eine fertige Vorlage für einen Elternbrief finden Sie im Anhang (S. 78).

Milena zeigt großes Interesse am Experimentieren. Sie beobachtet intensiv, fragt nach und probiert aus. Sie ist sehr konzentriert bei der Sache. Berichten Sie Milenas Eltern davon. Beschreiben Sie, welche Experimente Sie bereits mit den Kindern durchgeführt haben. Sie könnten der Familie über das Wochenende ein Buch aus Ihrer Bibliothek mitgeben, in dem Anleitungen für Experimente stehen. Lassen Sie die Familie von ihren Erlebnissen berichten. Die Eltern können die gemeinsamen Erfahrungen dokumentieren und ihre Beobachtungen im Portfolio ergänzen, bevor sie es wieder an Sie zurückgeben.

WICHTIG!
Arbeiten Sie mit den Eltern der Kinder auf Augenhöhe. Stehen Sie kompetent mit Rat und Tat zur Seite, schätzen Sie die Eltern gleichzeitig aber auch als Expert*innen für ihre Kinder.

Eltern einfühlsam ins Boot holen

Nicht alle Eltern werden Ihre Einladung, am Portfolio mitzuwirken, annehmen. Mögliche **Gründe für Absagen** können sein:

- starke Belastung durch Berufstätigkeit und Familie;
- unklare Vorstellung von der Aufgabe;
- Sorge, die Aufgabe nicht gut genug auszufüllen;
- Überforderung im Alltag;
- Sprachbarriere;
- …

WICHTIG!
Eltern sollten es auf keinen Fall als Druck empfinden, etwas „abliefern" zu müssen. Deshalb: Laden Sie zur Beteiligung ein, akzeptieren Sie aber auch Absagen.

Ein **guter Einstieg** in die gemeinsame Portfolio-Arbeit gelingt über das Erzählen, was das Kind im Rahmen der Vorschularbeit in der Kita alles zeigt. Fragen Sie die Eltern, was ihr Kind zu Hause gern macht. Wie verhält es sich, wenn es Besuch von Freund*innen empfängt? Oder wenn es Großeltern und Verwandte besucht? Wohin geht es, wenn die Familie einen Ausflug macht? Gibt es sportliche Aktivitäten? Die Antworten und Berichte der Familie könnten dazu führen, dass Sie gemeinsam mit den Eltern einen Brief an das Kind verfassen. So können Eltern am konkreten Beispiel erleben, wie Portfolio-Arbeit funktioniert.

Bieten Sie den Eltern an, dass sie den **Ordner des Kindes** mit nach Hause nehmen können. Vereinbaren Sie dafür ein Zeitfenster, z. B. über das Wochenende, bevor der Ordner zuverlässig wieder mitgebracht wird. Schlagen Sie vor, dass die Eltern gemeinsam mit ihrem Kind Fotos einkleben und diese mit einem kurzen Text versehen.

> *Lieber Max, gestern waren wir bei Oma und Opa. Dort hast du im Garten die Hühner beobachtet. Du hast festgestellt, dass der Hahn gut auf alle Hühner aufpasst. Voller Freude hast du Oma und Opa von deinen Beobachtungen erzählt. Daraufhin hat Oma dir vorgeschlagen, in den Hühnerstall zu gehen, um zu schauen, ob die Hühner Eier gelegt haben. Die Freude war groß, als du mit drei Eiern zurückgekommen bist. Opa hat dann mit dir Pfannkuchen gebacken, die wir alle zusammen verspeist haben. Das war ein schöner Besuch bei Opa und Oma.*

Machen Sie es den Eltern möglichst leicht. Als **Hilfestellung** können Sie Satzbausteine vorschlagen, sodass nur noch Fotos und kurze Erläuterungen zu ergänzen sind (siehe Elternbrief, S. 78).

Praxistipp

Entwickeln Sie eine sensible Herangehensweise für Eltern, die der deutschen (Schrift-)Sprache nicht mächtig sind. Lassen Sie die Texte in die Familiensprache übersetzen oder reduzieren Sie sie für diese Eltern auf das Nötigste und versuchen Sie, die Lernbereiche zu visualisieren, z. B. über Fotos.

2.3 Fallbesprechung im Team

Das Vorschul-Portfolio bietet eine fundierte Grundlage, um sich mit Kolleg*innen **fachlich** über ein Kind **auszutauschen**. Die kindzentrierte Fallbesprechung im Team hilft Ihnen, gemeinsam individuell passende Unterstützungs- und Fördermöglichkeiten für das Kind zu erarbeiten.

Kindzentrierte Fallbesprechungen sollten grundsätzlich in **Teambesprechungen integriert** werden. So können Sie nach und nach alle Kinder besprechen. Jedes Kind ist im Blick aller Beteiligten.

Bereiten Sie die kindzentrierte Fallbesprechung vor und kündigen Sie das Kind dafür an. Schildern Sie Ihre Beobachtungen. Indem alle beitragen, entsteht ein **umfassendes Bild** von der individuellen Situation und Entwicklung des Kindes.

Niederschwellige **Förderziele** führen am ehesten zum Erfolg. Nehmen Sie sich ein einzelnes Förderziel vor. Schaffen Sie die Rahmenbedingungen, damit das Kind sein Förderziel erreichen kann. Dokumentieren Sie Erfolge. Wenn **Erfolge** ausbleiben, überprüfen Sie die gesetzten Ziele und Methoden.

Alle Vorschulkinder der Regenbogen-Gruppe haben Mappen, in denen sie Arbeitsblätter abheften sollen. Jedes Blatt muss also vorsichtig geknickt werden, bevor es gezielt in den Locher geschoben und gelocht wird. Obwohl die Erzieherin Sinan das Vorgehen mehrfach gezeigt hat, schafft er es nicht, das Blatt in der Mitte zu lochen. Der Erzieherin beobachtet Sinan im Alltag und ihr fällt auf, dass er bei feinmotorischen Übungen generell ungeschickt wirkt. Auch fällt es ihm schwer, mit einer Schere zu schneiden. Die Erzieherin stellt Sinan in einer kindzentrierten Fallbesprechung vor.

Förderziel
Im Team wurde folgendes Förderziel erarbeitet: Sinan lernt, mit Locher und Schere umzugehen, indem er im Alltag vielfältige Angebote bekommt, die seine Feinmotorik unterstützen.

Maßnahmen
Im Kita-Alltag bietet die Erzieherin Sinan kinästhetischen Sand an. Gemeinsam mit einem anderen Kind, das Sinan sich selbst aussucht, darf er damit spielen. Zum Geburtstag darf Sinan gemeinsam mit der Erzieherin seinen Kuchen backen, aufschneiden und an die Kinder verteilen. Sinan wird von der Erzieherin gezielt beobachtet und in vier Wochen soll das Förderziel überprüft werden.

Elternkooperation
Sinans Eltern werden informiert. Gemeinsam wird überlegt, wie die Eltern ihr Kind unterstützen können. Für den Fall, dass die Eltern keine Ideen haben, hat die Erzieherin schon Überlegungen angestellt: Sinan sollte zu Hause kleine hauswirtschaftliche Aufgaben übernehmen. Wenn gebacken wird, kann Sinan helfen, indem er den Teig knetet. Die Erzieherin empfiehlt den Eltern außerdem, Knete zu kaufen und mit Sinan zu kneten.

Erfolgsbericht
Anfangs wollte Sinan nicht mit dem kinästhetischen Sand spielen. Er beobachtete nur seinen Freund Valentin beim Tun. Nach einiger Zeit nahm Sinan jedoch vorsichtig den Sand in beide Hände und formte eine Kugel daraus. Voller Stolz zeigte er sie seinem Freund. Dieser fand die Idee gut und beide Jungen formten kleine und große Kugeln und legten eine Schlange daraus. Mit etwas Übung gelang es Sinan immer besser, diese feinmotorische Fingerübung auszuführen. Am Ende waren beide Jungen mit ihrer fertigen Schlange sehr zufrieden.

Praxistipp

Die beiliegende Protokollvorlage für eine Fallbesprechung im Team (S. 79) dokumentiert den Kern Ihrer Beobachtungen und hilft Ihnen, Förderziele für das Kind sowie pädagogische Handlungsstrategien zu entwickeln.

3. Sahaila – ein Beispiel aus der Praxis

3.1 Sahaila und das Theaterprojekt

Sahaila ist fünfeinhalb Jahre alt. Sie ist ein freundliches Kind, das gern zur Kita geht. Sie ist eher zurückhaltend und vorsichtig und steht nur ungern im Vordergrund. In allen Bildungsbereichen zeigt sie eine gute, altersgerechte Entwicklung. Auffallend sind ihre Zurückhaltung und ihr mangelndes Selbstvertrauen.

Im Rahmen des Vorschulprojektes wird überlegt, welche Lernziele für Sahaila sinnvoll wären. Das Team ist sich einig: An erster Stelle steht, ihr Selbstvertrauen, also ihr Vertrauen in die eigenen Fähigkeiten, zu stärken.

Das bedeutet, dass sie Aufgaben übernimmt, z. B. eine Patenschaft für ein jüngeres Kind. Mit Sahaila wird besprochen, dass sie das Kind beim Anziehen begleitet und ihm Hilfestellung gibt, wenn die Kinder in den Außenbereich oder auf den Spielplatz gehen. Sahaila wird von den Fachkräften beobachtet, sodass sie zeitnah eine Rückmeldung bekommt, wie ihr die Erfüllung des Auftrags gelungen ist. Ebenso soll sie Verantwortung im Alltag übernehmen, indem sie mit einem von ihr ausgewählten Kind den Tisch deckt. Lob und Anerkennung sind wichtige Momente für Sahaila. So lernt sie, ihre Fähigkeiten mutig einzusetzen.

Da alle Vorschulkinder zum Ende ihrer Kindergartenzeit ein Theaterstück vor den Kindern und Eltern aufführen, wird Sahaila gefragt, ob sie mitmachen möchte. Das Mädchen stimmt zu. Das Team überlegt, wie die Stärken von Sahaila im Rahmen des Projektes gefördert werden können. Bei der Aufgabenverteilung wird sie konkret angesprochen und gefragt. Außerdem bekommt sie stetiges Feedback von der pädagogischen Fachkraft.

1. Treffen der Theatergruppe
Das Theaterprojekt wird von den Vorschulkindern mit Unterstützung der pädagogischen Fachkräfte geplant. Die Kinder dürfen entscheiden, welches Theaterstück sie spielen möchten. Sie diskutieren und nennen ihre Vorschläge, können sich aber nicht einigen. Die pädagogische Fachkraft hat alle Ideen auf ein Flipchart geschrieben. Emilia nummeriert die gesammelten Ideen mit Ziffern. Alles wird gesammelt vorgelesen, damit die Kinder ihre Ideen noch einmal hören und darüber nachdenken können. Sie einigen sich auf das Theaterstück „Die Prinzessin auf der Erbse".

*In einem nächsten Schritt fragt die pädagogische Fachkraft die Gruppe, was alles zu einem Theaterstück gehört. Die Kinder erzählen von Stücken, die sie bereits gesehen haben. Die Ideen sprudeln: Es wird vom Bühnenbild berichtet und von großartigen Kostümen der Schauspieler*innen. Möbel und viele Details rund um Bühne und Kulisse werden genau beschrieben. Die pädagogische Fachkraft fasst noch einmal alles zusammen und notiert, mit Unterstützung der Kinder, alles auf einem Flipchart. Es gibt viel zu tun!*

Die Vorschulgruppe verabredet sich für den übernächsten Tag. Die Kinder bekommen den Auftrag, mit ihren Eltern über ihre Ideen zu sprechen und zu klären, ob es Mütter oder Väter gibt, die das Theaterprojekt unterstützen können. Es wird tatkräftige Unterstützung beim Nähen der Kostüme und beim Bau des Bühnenbildes benötigt.

*Während der Vorbereitung machen die Kinder Fotos. Bei jedem Treffen werden drei Fotograf*innen ausgewählt, die mit Kameras dokumentieren sollen.*

Anhand eines Theatertagebuches können die Kinder so täglich sehen, was sich getan hat.

2. Treffen der Theatergruppe
Die pädagogische Fachkraft fasst die Ergebnisse des ersten Treffens zusammen. Sie fragt, was die Kinder bezüglich der Kostüme und des Bühnenbildes in Erfahrung bringen konnten. Sahaila meldet sich. Sie sagt, dass ihre Mama nähen kann. Karls Mama ist auch dabei, Isoldes Mama und Murats Papa ebenfalls. Winnis und Emilies Väter würden beim Bau des Bühnenbildes helfen. Die Kinder vereinbaren, die Mütter und Väter zum nächsten Treffen einzuladen. Die pädagogische Fachkraft hält wieder alles auf einem Flipchart fest. Sie macht außerdem den Vorschlag, das Märchen von der Prinzessin auf der Erbse vorzulesen, damit alle genau wissen, worum es geht und was gebraucht wird. Der Vorschlag wird von den Kindern einstimmig angenommen.

Vorbereitend hatte die pädagogische Fachkraft die Inhalte des Märchens bereits aus einem Bilderbuch fotografiert. Beim Vorlesen können die Bilder somit über einen Beamer präsentiert werden. Es werden immer wieder Pausen eingelegt, sodass die Kinder die Dinge und Gegenstände beschreiben können, die sie für ihr Theaterstück benötigen. Zum Abschluss werden die erarbeiteten Themen noch einmal vorgelesen.

3. Treffen der Theatergruppe
Zwei Tage später sitzen wieder alle Vorschulkinder zusammen. Die pädagogische Fachkraft wiederholt die bisherigen Ergebnisse. Nun ist zu überlegen, wie der gemeinsame Nachmittag mit den Eltern aussehen soll. Welches Kind soll beispielsweise durch den Elternnachmittag führen? Alle sind der Meinung, dass es Sahaila sein sollte. Sie lehnt jedoch ab. Der Vorschlag der pädagogischen Fachkraft, dass auch zwei Kinder im Team den Eltern alles berichten können, findet Anklang. Murat meldet sich sofort, Clarissa will dabei sein und bittet Sahaila, doch mitzumachen. Jetzt stimmt Sahaila zu.

Alle Arbeitsergebnisse werden wieder auf einem Flipchart notiert. Für das nächste Treffen wird vereinbart, dass Murat, Clarissa und Sahaila ihre Informationen für die Eltern proben können.

4. Treffen der Theatergruppe
Nachdem der aktuelle Stand vorgelesen ist, wird nun überlegt, was den Eltern gesagt werden soll. Das ist eine große Herausforderung, denn es sind sehr viele Informationen zu vermitteln. Sahaila macht den Vorschlag, ob nicht alle Kinder Bilder von den Dingen malen können, die für das Theaterstück gebraucht werden.

Die Idee ist gut. Es werden Papier und Stifte besorgt. Die Kinder lassen die Bilder vom Märchen Revue passieren. Schnell wird klar, wer was malt. Die Bilder sollen beim nächsten Mal ausgelegt werden. So können Murat, Clarissa und Sahaila die einzelnen Bilder durchgehen und den Eltern erzählen, worum es geht und wie sie unterstützen können. Alles wird wieder schriftlich festgehalten.

5. Treffen der Theatergruppe
Die Vorschuleltern kommen pünktlich zum Elternnachmittag. Die ausgewählten Kinder begrüßen die Eltern und es wird erklärt, welche Ideen die Vorschulkinder entwickelt haben und dass nun die Hilfe der Eltern erforderlich sei.

Alle anwesenden Eltern sind bereit, zu unterstützen, denn es müssen Holzwände und große Tücher bemalt werden. Die Mütter und ein Vater wollen gemeinsam mit den Kindern die Kostüme schneidern. Eine Familie stellt den Stoff zur Verfügung. Es werden Zeiten ausgemacht, zu denen sich Eltern und Kinder treffen, um ihre Arbeitsaufträge zu erledigen. Auch bei diesem Treffen dokumentiert die pädagogische Fachkraft die Ergebnisse.

6. Treffen der Theatergruppe
Nun ist endlich die Zeit gekommen, sich mit dem Inhalt des Märchens genauer auseinanderzusetzen. Die pädagogische Fachkraft zeigt noch einmal die Fotos dazu. Es wird diskutiert, welche Rollen zu vergeben sind: eine Prinzessin, ein Diener und eine Dienerin sowie zusätzliches Schlosspersonal.

Die Rollenverteilung steht an. Die Kinder diskutieren eifrig. Mit Unterstützung der pädagogischen Fachkraft können alle Rollen besetzt werden. Sahaila spielt die Prinzessin, Karl stellt einen Diener dar und Maike eine Dienerin. Sechs Rollen, die als zusätzliches Personal dienen, werden besetzt. Wieder wird alles schriftlich dokumentiert.

Proben und Premiere
Die nächsten Treffen sind geprägt vom Einüben des Theaterstückes. Die Kinder zeigen eine gute Teamfähigkeit, indem sie sich gegenseitig helfen und unterstützen. Bei allen Beteiligten wird die Bereitschaft, das Theaterstück gut auf die Bühne zu bekommen, deutlich. Das Nähen der Kostüme und das Bauen des Bühnenbildes verläuft reibungslos. Die Eltern sind ins gemeinsame Tun eng eingebunden und erleben kreative Vorschulkinder. Die Kulisse ist schnell hergestellt, die Kinder begutachten sie kritisch, bevor sie aufgestellt wird. Hier kann noch die eine oder andere Idee der Kinder einfließen. Die Kostüme werden angepasst und die Premiere kann stattfinden.

Das Theaterstück wird ein voller Erfolg! Jedes Kind hat von der demokratischen Planung und Durchführung profitiert.

3.2 Was hat die pädagogische Fachkraft beobachtet?

Die Vielzahl der gemachten Fotos und die Einträge im Theatertagebuch ermöglichen es, noch einmal alles Revue passieren zu lassen. Um **Sahailas Entwicklung** zu reflektieren, notiert sich die pädagogische Fachkraft folgende Fragen: Wie war die Situation zu Beginn? Wie hat sich Sahaila in das Projekt eingebracht? Welche Kompetenzen hat sie während des Projektes gezeigt und entwickelt? Zur Beantwortung der Fragen sucht die pädagogische Fachkraft entsprechende **Fotos und Einträge** im Theatertagebuch heraus. Diese dienen dazu, einerseits mit Sahaila ins Gespräch zu gehen und andererseits ihren Eltern aufzuzeigen, was das Mädchen alles geleistet hat:

Für Sahaila, die eher zurückhaltend ist und nicht gern im Vordergrund steht, war das Theaterprojekt eine gute Erfahrung. Die Hauptrolle im Theaterstück zu übernehmen, hat viel Mut gekostet. Sahaila hat entschieden, dass sie diese Rolle übernehmen möchte, und ihre Entscheidung hat ganz deutlich ihr **Selbstbewusstsein gestärkt**. Im Rahmen des Projektes hat sie gelernt, ihre Kompetenzen aktiv einzusetzen.

Welche konkreten **Kompetenzen und Lernbereiche** sind bei Sahaila zu erkennen?

- ➡ Sie ist engagiert bei der Sache.
- ➡ Sie übernimmt Verantwortung und entscheidet über Inhalte mit.
- ➡ Sie spricht vor anderen.
- ➡ Sie kann ihre Ideen Kindern und Eltern gegenüber vertreten.
- ➡ Sie ist kontaktfreudig.
- ➡ Sie ist kommunikativ.
- ➡ Sie hält sich an vereinbarte Regeln.
- ➡ Sie steht für ihre Meinung ein.
- ➡ Sie zeigt Selbstbewusstsein.
- ➡ Sie kann demokratisch handeln.
- ➡ Sie zeigt eine gute kognitive Kompetenz.

Sahaila konnte sich im Projekt über alle **Bildungsbereiche** hinweg ausprobieren und weiterentwickeln:

Sensorische Kompetenzen: Die Vielzahl der Wahrnehmungserfahrungen konnte Sahaila gut verarbeiten und für sich nutzen.

Soziale und emotionale Kompetenzen: Sahaila zeigte zunehmend eine emotionale Offenheit und konnte auch damit umgehen, wenn eine ihrer Ideen nicht zum Tragen kam. Unterstützt durch ihre Freundin, zeigte sie Mut und konnte einer Gruppe von Eltern verständlich erklären, worum es ging. Sie übernahm Verantwortung für andere Kinder in der Gruppe und konnte ihr Handeln reflektieren.

Kognitive Kompetenzen: Ihre Ideen konnte Sahaila gut erklären und umsetzen. Sie hat das Theaterprojekt bereichert, mitgeplant und mitgestaltet. Auf Neues konnte sie sich einlassen.

Alltagskompetenzen: Sahaila hat Aufgaben übernommen und konnte sich gut organisieren, indem sie die für das Theaterstück verwendeten Sachen wieder an ihren Platz räumte.

Motorische Kompetenzen: Die Gegenstände, die für das Theaterstück benötigt wurden, konnte Sahaila zeichnen. Beim Theaterspiel zeigte sie Geschicklichkeit, denn als Prinzessin musste sie auf viele Matratzen klettern und sich so platzieren, dass sie nicht herunterfiel.

Mathematische und naturwissenschaftliche Kompetenzen: Sahaila zeigt sich kompetent im Erkennen von Zahlen und beim Abzählen der Kinder. Ebenfalls fiel es ihr leicht, Formen zu erkennen: Zum Bühnenbild malte sie Skizzen und beachtete dabei Größenverhältnisse.

Sprachliche Kompetenzen: Sahaila wächst zweisprachig auf. Sie spricht gut, traut es sich aber oft nicht zu. Während des Theaterprojektes zeigte sie zunehmend mehr Selbstbewusstsein und gute Sprachkompetenz. Sie schaffte es, in der Gruppe und vor allem auch in der Hauptrolle beim Theaterstück vor anderen zu sprechen und sich zu zeigen. Sie konnte formulieren, was sie möchte, behielt aber auch ihre Gruppe im Blick und trat für alle ein.

Brief an Sahaila

Ihre Beobachtungen fasst die pädagogische Fachkraft in Sahailas Portfolio zusammen. Sie könnte beispielsweise einen Brief formulieren, in dem sie das Mädchen direkt anspricht:

> *Liebe Sahaila,*
> *du hast bei unserem Theaterstück die Hauptrolle der Prinzessin auf der Erbse gespielt. Zu Beginn unserer Treffen warst du eher zurückhaltend. Doch das legte sich zunehmend, denn du konntest deine Ideen den anderen Kindern gut vermitteln und konntest erklären, warum du etwas gut oder weniger gut findest.*
>
> *Du hast Mut bewiesen, indem du mit Clarissa und Murat den Eltern erklärt hast, was ihre Aufgaben sind. Murats Papa hast du beim Nähen der Kostüme beraten.*
>
> *Du warst in unserem Projekt sehr engagiert und hast die anderen Kinder vorbildlich unterstützt. Dabei hattest du immer die ganze Gruppe im Blick.*
>
> *In deiner Hauptrolle als Prinzessin ist es dir gut gelungen, den Text auswendig zu lernen und ihn dann laut und deutlich vor dem Publikum zu sprechen. Dazu möchte ich dir herzlich gratulieren.*
>
> *Zusammenfassend kann ich sagen, dass du viel gelernt hast und das Gelernte gut im Alltag umsetzen kannst.*
>
> *Ich sende dir liebe Grüße,*
> *deine Erzieherin Kornelia*

Foto: © fizkes – Shutterstock.com

3.3 Was lässt sich aus den Beobachtungen schließen?

Aus ihren Beobachtungen kann die pädagogische Fachkraft nun **konkrete Schlüsse** über Sahailas Entwicklung ziehen. Sahaila zeigte bei der Vorbereitung und der Durchführung des Theaterstückes ihre Kompetenzen. Vor dem Projekt verfügte Sahaila bereits über vielfältige Kompetenzen, jedoch fiel es ihr schwer, diese auch zu nutzen bzw. zu zeigen. Das Ziel der pädagogischen Fachkräfte war, das Selbstbewusstsein des Mädchens zu stärken.

Das Theaterstück bot Sahaila die Chance, ihre **Kompetenzen einzubringen** und so neue, stärkende **Erfahrungen zu sammeln**. Sie nahm all ihren Mut zusammen, um – mit Unterstützung ihrer Freundin – den Eltern das Vorgehen zu erklären. Sie wählte bewusst die Hauptrolle und konnte den anderen Kindern deutlich machen, dass sie dafür geeignet ist. Hier wird sichtbar, dass sie ihre eigene Stärke erkennt und diese auch nach außen zeigen kann.

Als **zentrale Lernmomente** können für Sahaila folgende festgehalten werden:

- „Ich darf mich ausprobieren."
- „Ich bin mutig."
- „Was ich sage, wird ernst genommen."
- „Ich darf Nein sagen."
- „Ich kann Lösungen finden."
- „Ich kann andere von meinen Ideen überzeugen."
- „Ich kann andere unterstützen."
- „Ich bin wichtig."

- *Welche Kompetenzen und Ressourcen haben Sie bei dem Vorschulkind entdeckt?*
- *Wo liegen die besonderen Fähigkeiten und Stärken des Kindes?*
- *Wo zeigt sich ein Förderbedarf?*
- *Wo erkennen Sie einen besonderen Interessenbereich?*
- *Was hat das Vorschulkind in der beobachteten Situation gelernt?*
- *Welchen Bildungsbereichen können Sie das Gesehene zuordnen?*
- *Wo sehen Sie Unterstützungsbedarf?*

Im Gespräch mit Sahailas Eltern

Die pädagogische Fachkraft beschreibt den Eltern das Theaterprojekt und wie Sahaila sich in diesem Kontext verhalten hat. Hierzu nutzt sie **Fotos und Video-Aufnahmen**, die Sahaila in Aktion zeigen. Sie beschreibt, was ihr an Sahaila vor dem Projekt aufgefallen ist und wie sie die Kompetenzen des Mädchens im Hier und Jetzt sieht. Folgendes könnte die pädagogische Fachkraft den Eltern im Gespräch oder alternativ in einem Brief beschreiben:

> *Liebe Familie Kumar,*
> *Ihre Tochter Sahaila hat beim diesjährigen Theaterstück der Vorschulkinder mitgemacht. Während der Treffen der Theatergruppe sind Fotos und kleine Videos entstanden, die ich Ihnen gern zeigen möchte. Sahaila hat im Projekt vielfältige Kompetenzen bewiesen und angewendet.*
>
> *Vor dem Theaterprojekt fiel mir bei Sahaila auf, dass sie eher zurückhaltend ist und sich nur wenig zutraut. Die Zeit mit der Theatergruppe und das Mitwirken am Theaterstück haben ihr Selbstbewusstsein gestärkt. Das ist auf den Fotos bzw. in den Videos gut zu erkennen. Ihr Einsatz und ihr Ideenreichtum in der Planung, Vorbereitung und Organisation des Theaterprojektes waren beachtlich. Mit Bravour spielte sie die selbst gewählte Hauptrolle der Prinzessin. Im gesamten Theaterstück zeigte sie ihre deutliche und ausdrucksvolle Sprache. Außerdem übernahm sie Verantwortung, indem sie über die Gestaltung des Theaterstückes mitentschied. Über dessen Inhalte konnte sie gut berichten und formulieren, was die Gruppe seitens der Eltern an Unterstützung benötigt. Sahaila wird ihre erworbenen Kompetenzen auf ihrem zukünftigen Lebensweg gut nutzen können.*

3.4 Wie kann Sahaila weiterhin unterstützt werden?

Die pädagogische Fachkraft erarbeitet gemeinsam mit den Eltern **Ideen und Strategien**, damit Sahaila ihre Kompetenzen weiterhin festigen kann. Für die Stärkung ihres Selbstbewusstseins sind Lob, Anerkennung und Wertschätzung wichtige Voraussetzungen.

Gemeinsam wird überlegt, in welchen Sportverein Sahaila gehen könnte. Interesse zeigt sie an einem Karatetraining. Die Sportschule befindet sich in unmittelbarer Nähe ihres Zuhauses.

Die Kirchengemeinde bietet im Jugendtreff einen Malkurs an. Auch daran würde sie gern teilnehmen. Die pädagogische Fachkraft rät den Eltern, Sahaila den Sport und das Malen ausprobieren zu lassen. Beide Tätigkeiten fördern Selbstwirksamkeit und Selbstvertrauen. Auch wenn Sahaila in der Schule ist, kann sie diese Aktivitäten weiter verfolgen.

WICHTIG!
Fachkräfte und Eltern können Vorschläge machen. Doch das Kind bestimmt selbst, auf welche Angebote es sich mit Freude und Neugier einlässt.

- *Wie können wir die Interessen des Vorschulkindes fördern?*
- *Wie unterstützen wir seine Selbstbildungspotenziale?*
- *Wie können wir die Lernbereiche so gestalten, dass das Kind ausreichend Selbstwirksamkeitserfahrungen machen kann?*

Wenn das Vorschulkind etwas (noch) nicht kann, ist zu überlegen:
- *Warum kann das Kind dies (noch) nicht?*
- *Hatte es ausreichend Möglichkeit, sich auszuprobieren und zu üben?*
- *Braucht es eine intensivere Unterstützung? Wie kann dies organisiert werden?*
- *Ist es aus Sicht des Kindes relevant und wichtig, diese Fähigkeit zu erwerben?*

Foto: © fizkes – Shutterstock.com

4. Kopiervorlagen für die Portfolio-Arbeit

Unsere rund 50 Vorlagen für Portfolio-Seiten sind übersichtlich nach Bildungsbereichen und Altersstufen strukturiert. Die ausgewählten Bildungsbereiche basieren auf dem *Beobachtungsbogen für Vorschulkinder*, sind aber auch unabhängig davon nutzbar.

Bildungsbereiche

Sensorische Kompetenzen	Soziale und emotionale Kompetenzen
Kognitive Kompetenzen	Alltagskompetenzen
Motorische Kompetenzen	Mathematische und naturwissenschaftliche Kompetenzen
Sprachliche Kompetenzen	

Altersstufen

➡ 4;06 bis 5;06 Jahre
➡ 5;06 bis 6;06 Jahre

Konkrete Arbeitsaufträge

Für beide Altersstufen erhalten Sie jeweils 21 individuelle Kopiervorlagen inklusive formulierter Arbeitsaufträge. Die Arbeitsaufträge richten sich an:

➡ die pädagogische Fachkraft
➡ die Eltern oder Erziehungsberechtigten
➡ das Kind (unterstützt durch die pädagogische Fachkraft)

Praxistipp

Beobachtungen können in Briefform formuliert werden, damit sich das Vorschulkind persönlich angesprochen fühlt. Ergänzende Fotos bieten einen schönen Anlass, um mit dem Kind in den Austausch über das Erlebte zu kommen.

Wenn Sie mehrere Fotos in eine Vorlage kleben wollen, können Sie diese kleinformatig als Collage ausdrucken und dann individuell zuschneiden.

Weitere Arbeitsmaterialien

Zusätzlich gibt es neben einer neutralen Blanko-Vorlage (S. 76) auch fertige Kopiervorlagen, um den Beginn und den Abschluss der Vorschulzeit zu dokumentieren (S. 30 ff. bzw. S. 75.).

Außerdem erhalten Sie im Anhang (S. 77 ff.) konkrete Vorschläge zu:

➡ Protokoll: Erstgespräch mit dem Vorschulkind
➡ Elternbrief: Einladung zur Mitarbeit am Vorschul-Portfolio
➡ Protokoll: Kindzentrierte Fallbesprechung

Portfolio-Vorlagen digital

Ihr persönlicher Zugang*: Alle Portfolio-Vorlagen können Sie auch **als Download** unter dem folgenden Link abrufen und individuell anpassen:
cloud.verlagruhr.de/lerninhalt/nvVTlbixv06c/
Passwort: BlickPort_Vorsch

So lassen sich Texte und Fotos direkt am PC oder Tablet einfügen. Zum Schluss können Sie die fertig gestalteten Portfolio-Vorlagen speichern und ausdrucken. Wenn Sie die Vorlagen auf Ihrem mobilen Endgerät (Handy, Tablet) aufrufen möchten, scannen Sie den abgebildeten QR-Code.

* Bitte beachten Sie, dass der angegebene Link und der QR-Code ihre Gültigkeit verlieren können. Sollten Sie Schwierigkeiten beim Öffnen der Dateien haben, wenden Sie sich bitte an: digitaleslernen@verlagruhr.de

WICHTIG!
Portfolio-Arbeit kann jeden Tag stattfinden. Zögern Sie nicht zu lange – beginnen Sie gleich mit kleinen ersten Schritten: Beobachten Sie, knipsen Sie ein Foto, machen Sie sich Notizen.

Praxistipp

Folgende Handwerkszeuge griffbereit zu haben, erleichtert Ihnen eine erfolgreiche Portfolio-Arbeit:

➲ Fotokamera
➲ Tablet
➲ Papier und Stift
➲ Diktiergerät
➲ Ordner
➲ Prospekthüllen

Arbeitsaufträge auf einen Blick

Bildungsbereich	Altersstufe	Entwicklungsaspekt	Verantwortlich	Seite
	4;06 Jahre	Du, unser Vorschulkind	Eltern	S. 30
		Du machst dich auf den Weg!	Fachkraft	S. 31
		Ich bin ein Vorschulkind!	Fachkraft & Kind	S. 32
Sensorische Kompetenzen	4;06–5;06 Jahre	Du magst sanfte und auch feste Berührungen, wenn du in den Arm genommen wirst.	Eltern	S. 33
		Du bist in angemessenem Maße aktiv.	Fachkraft	S. 34
		Du erkennst Maßstäbe, z. B. *groß* und *klein*, *dick* und *dünn*.	Fachkraft & Kind	S. 35
	5;06–6;06 Jahre	Du bleibst bei Herausforderungen gelassen und ruhig.	Eltern	S. 36
		Du tust Dinge überlegt und effektiv.	Fachkraft	S. 37
		Du bewegst dich sicher auf unebenem Gelände.	Fachkraft & Kind	S. 38
Soziale und emotionale Kompetenzen	4;06–5;06 Jahre	Du sagst, wenn du etwas möchtest.	Eltern	S. 39
		Du hast die Fähigkeit, im Team zu arbeiten.	Fachkraft	S. 40
		Du kannst deine Gefühle benennen und mitteilen.	Fachkraft & Kind	S. 41
	5;06–6;06 Jahre	Du verhandelst eigene Regeln nach Bedarf.	Eltern	S. 42
		Du führst Aufgaben ohne ständiges Feedback aus.	Fachkraft	S. 43
		Du hast ein positives Selbstbild.	Fachkraft & Kind	S. 44
Kognitive Kompetenzen	4;06–5;06 Jahre	Du kannst deinen Namen und deine Adresse vollständig benennen.	Eltern	S. 45
		Du verstehst Anweisungen, Rezepte oder Anleitungen.	Fachkraft	S. 46
		Du malst Bilder mit sichtbarer Strukturierung.	Fachkraft & Kind	S. 47
	5;06–6;06 Jahre	Du strebst nach Selbstständigkeit.	Eltern	S. 48
		Du kannst dich gut und ausdauernd konzentrieren.	Fachkraft	S. 49
		Du planst und gestaltest ein Projekt aktiv mit.	Fachkraft & Kind	S. 50
Alltags-kompetenzen	4;06–5;06 Jahre	Du gehst selbstständig zur Toilette und putzt dir die Zähne.	Eltern	S. 51
		Du zeigst Geschicklichkeit im Alltag.	Fachkraft	S. 52
		Du kannst viele lebenspraktische Dinge.	Fachkraft & Kind	S. 53
	5;06–6;06 Jahre	Du räumst deine Sachen selbstständig weg.	Eltern	S. 54
		Du kennst die Verkehrsregeln und handelst entsprechend.	Fachkraft	S. 55
		Du übernimmst Aufgaben im Gruppenalltag.	Fachkraft & Kind	S. 56

Bildungsbereich	Altersstufe	Entwicklungsaspekt	Verantwortlich	Seite
Motorische Kompetenzen	4;06–5;06 Jahre	Du benutzt Spielgeräte, kletterst und hüpfst.	Eltern	S. 57
		Du bist feinmotorisch geschickt.	Fachkraft	S. 58
		Du schneidest sicher mit der Schere.	Fachkraft & Kind	S. 59
	5;06–6;06 Jahre	Du fängst den Ball mit beiden Händen.	Eltern	S. 60
		Du steigst geschickt über Gegenstände und weichst Hindernissen aus.	Fachkraft	S. 61
		Du zeigst eine gute Koordination bei komplexen Abläufen.	Fachkraft & Kind	S. 62
Mathematische und natur-wissenschaftliche Kompetenzen	4;06–5;06 Jahre	Du kannst Tiere benennen.	Eltern	S. 63
		Du vervollständigst Muster und kannst Dinge nachbauen.	Fachkraft	S. 64
		Du ordnest Zahlen und Mengen zu.	Fachkraft & Kind	S. 65
	5;06–6;06 Jahre	Du benennst Naturphänomene und kannst diese beschreiben.	Eltern	S. 66
		Du erkennst Formen und Gegenstände.	Fachkraft	S. 67
		Du interessierst dich für Experimente.	Fachkraft & Kind	S. 68
Sprachliche Kompetenzen	4;06–5;06 Jahre	Du stellst W-Fragen: Warum? Wo? Was? Wer? Weshalb?	Eltern	S. 69
		Du erklärst, was du spielst.	Fachkraft	S. 70
		Du zeigst Freude an der Sprache.	Fachkraft & Kind	S. 71
	5;06–6;06 Jahre	Du kannst Gespräche führen.	Eltern	S. 72
		Du fragst nach Wortbedeutungen.	Fachkraft	S. 73
		Du kannst „Wenn-dann-Fragen“ beantworten.	Fachkraft & Kind	S. 74
		Ich bin ein Schulkind!	Fachkraft & Kind	S. 75
Blanko-Vorlage				S. 76

Du, unser Vorschulkind

Name: .... Alter: .... Datum: ....

Das kannst du besonders gut:

Ihr Kind ist nun ein Vorschulkind. Es hat bereits vielfältige Erfahrungen gesammelt und viel gelernt. Im Rahmen der Vorschularbeit soll Ihr Kind seine Kompetenzen gezielt erweitern, damit ihm der Übergang zur Schule möglichst leichtfällt.

Machen Sie ein Foto von Ihrem Vorschulkind und kleben Sie es in die Vorlage. Notieren Sie besondere Stärken oder Interessen Ihres Kindes.

Fachkraft

Du machst dich auf den Weg!

Name: .... Alter: .... Datum: ....

Wir heißen:

Das erwartet dich in deiner Vorschulzeit:

Das Kind ist nun ein Vorschulkind – ein neuer Abschnitt in der Kita beginnt!

Erklären Sie dem Kind seine neue, besondere Rolle. Beschreiben Sie in Form eines Briefes, welche Eigenschaften und Interessen das Kind zum jetzigen Zeitpunkt auszeichnen. Notieren Sie in wenigen Stichpunkten, was das Kind in der Vorschulzeit erwartet. Und: Fotografieren Sie alle Vorschulkinder gemeinsam – als schöne Erinnerung!

Ich bin ein Vorschulkind!

Name: .... Alter: .... Datum: ....

Darauf freust du dich besonders:

Das Kind berichtet Ihnen, wie es sich als Vorschulkind fühlt und was es von der Vorschulzeit erwartet: Was ist ihm wichtig und was möchte es auf jeden Fall lernen?

Führen Sie ein persönliches Gespräch mit dem Kind. Schreiben Sie alles auf, was es Ihnen erzählt. Fassen Sie seine Worte in einem Brief zusammen und lassen Sie sich gemeinsam fotografieren.

Du magst sanfte und auch feste Berührungen, wenn du in den Arm genommen wirst.

Name: .... Alter: .... Datum: ....

Wenn ich dich berühre, ...

Hier lässt du dich am liebsten streicheln:

Ihr Kind lässt sich gern von Ihnen anfassen: Es mag es, wenn Sie es sanft streicheln oder fest in den Arm nehmen. Es kann die Zeit mit Ihnen genießen.

Beobachten Sie Ihr Kind: Wie geht es mit Berührungen um? Mag es bestimmte Berührungen besonders gern oder gar nicht? Beschreiben Sie das Verhalten Ihres Kindes in einem kurzen Brief. Wenn möglich, ergänzen Sie ein passendes Foto.

Fachkraft | 4;06–5;06 Jahre | Sensorische Kompetenzen

Du bist in angemessenem Maße aktiv.

Name: .... Alter: .... Datum: ....

Wenn du die Bilder siehst, dann ...

Das Kind ist entsprechend der Situation aktiv. Es dosiert seine Aktivitäten, je nachdem, was es tut oder spielt.

Beschreiben Sie in Briefform: Wie verhält sich das Kind in Arbeitssituationen? Kann es in Ruhe seinen Aufgaben nachgehen oder ist es unruhig? Wie verhält es sich auf dem Außengelände bzw. auf dem Spielplatz? Ergänzen Sie Fotos von verschiedenen exemplarischen Situationen und sprechen Sie mit dem Kind darüber.

Du erkennst Maßstäbe, z. B. groß und klein, dick und dünn.

Name: .... Alter: .... Datum: ....

Das Kind erkennt Gegenstände und kann diese entsprechend zeigen und benennen. Es erkennt Unterschiede in Größe und Maß.

Legen Sie verschiedene Gegenstände auf einen Tisch, z. B. unterschiedlich große Knöpfe. Ist das Kind in der Lage, auf einen großen bzw. kleinen Knopf zu deuten? Beschreiben Sie die Situation in einem kurzen Brief und kleben Sie ein entsprechendes Fotos dazu.

Du bleibst bei Herausforderungen gelassen und ruhig.

Name: .... Alter: .... Datum: ....

Du hast es geschafft, ...

Ihr Kind kann mit einer besonderen Aufgabe oder Herausforderung gut umgehen. Es überlegt, wie es diese bewältigen kann und was es dafür braucht.

Geben Sie Ihrem Kind eine Aufgabe, z. B. den Tisch zu decken oder den Raum zu fegen. Reagiert Ihr Kind eher mit Abwehr oder haben Sie den Eindruck, dass es sich der Aufgabe gern stellt? Beschreiben Sie das Verhalten Ihres Kindes in Form eines Briefes und ergänzen Sie ein Foto.

Du tust Dinge überlegt und effektiv.

Name: .... Alter: .... Datum: ....

Das Kind durchdenkt seine Handlungen. Es plant sein Vorgehen und führt seine Handlungen dann effektiv aus.

Beschreiben Sie an einem Beispiel in Form eines Briefes, wie das Kind sein Tun plant und durchführt. Handelt es planlos und umständlich? Oder überlegt und effektiv? Wenn möglich, ergänzen Sie passende Fotos.

Du bewegst dich sicher auf unebenem Gelände.

Name: .... Alter: .... Datum: ....

Das Kind fühlt sich wohl und sicher, wenn es auf unebenem Gelände unterwegs ist. Es läuft einen Hügel sicher hoch und wieder hinunter.

Notieren Sie Ihre Beobachtungen: Wie setzt das Kind seinen Körper ein? Wie geschickt verhält es sich, wenn es auf dem Spielplatz oder dem Außengelände spielt? Schreiben Sie gemeinsam mit dem Kind einen Brief. Konkrete Fotos lassen sich gut als Gesprächsgrundlage einsetzen.

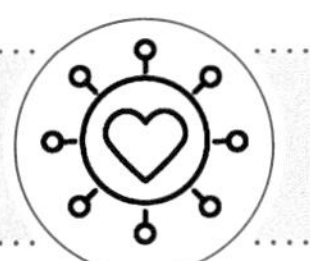

Du sagst, wenn du etwas möchtest.

Name: .... Alter: .... Datum: ....

Ihr Kind kann sich sprachlich ausdrücken, wenn es etwas braucht.

Beobachten Sie Ihr Kind im Alltag: Kommt es zu Ihnen, wenn es einen Wunsch hat? Kann es diesen Wunsch in vollständigen Sätzen formulieren? Notieren Sie Ihre Beobachtungen in einem kurzen Brief an Ihr Kind. Wenn möglich, ergänzen Sie ein Foto.

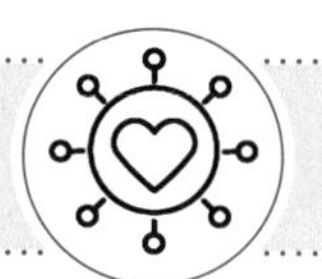

Du hast die Fähigkeit, im Team zu arbeiten.

Name: .... Alter: .... Datum: ....

Das habt ihr im Team geschafft:

Das Kind kann mit anderen Kindern zusammenarbeiten. Es zeigt Teamfähigkeit, indem es Wünsche von anderen akzeptiert und bereit ist, eigene Wünsche auch einmal zurückzustellen.

Beobachten Sie das Kind im Alltag: Ist es in der Lage, mit anderen Kindern zusammenzuarbeiten? Gelingt es ihm, die Meinung anderer zuzulassen? Schreiben Sie einen Brief an das Kind und machen Sie ein Foto von einer Situation, in der es mit anderen kooperiert.

Fachkraft & Kind

4;06–5;06 Jahre

Soziale und emotionale Kompetenzen

Du kannst deine Gefühle benennen und mitteilen.

Name: .... Alter: .... Datum: ....

Wie hast du dich hier gefühlt?

Wenn du glücklich bist, dann ...

Wenn du traurig bist, dann ...

Wenn du wütend bist, dann ...

Das Kind kann seine Gefühle und Empfindungen, wie z. B. Freude, Trauer oder Wut, benennen und beschreiben.

Gehen Sie mit dem Kind ins Gespräch: Wie fühlt es sich an, glücklich, traurig oder wütend zu sein? Notieren Sie alles, was das Kind äußert. Machen Sie ein Foto und holen Sie ein Feedback des Kindes dazu ein.

Du verhandelst eigene Regeln nach Bedarf.

Name: .... Alter: .... Datum: ....

Diese Regel haben wir gemeinsam neu formuliert:

Ihr Kind ist in der Lage, Regeln zu verhandeln. Es diskutiert mit Ihnen darüber und fordert Erklärungen ein.

Beschreiben Sie in Briefform, wie Ihr Kind mit Ihnen verhandelt, wenn es um Regeln geht. Wie argumentiert es? Welche Strategien nutzt es? Nennen Sie gern ein konkretes Beispiel aus dem Alltag.

Du führst Aufgaben ohne ständiges Feedback aus.

Name: .... Alter: .... Datum: ....

Das sagst du dazu:

Das Kind kann Aufgaben erledigen, ohne dass es dabei begleitet wird. Es weiß, was zu tun ist, und erledigt dies zielführend.

Machen Sie ein Foto von einer konkreten Situation, in der das Kind eine Sache erledigen muss. Gehen Sie dann ins Gespräch und setzen Sie das Foto ein: Wie reagiert das Kind? Was sagt es dazu? Notieren Sie Ihre Beobachtungen und Erfahrungen.

Du hast ein positives Selbstbild.

Name: .... Alter: .... Datum: ....

Dieses Tier wärst du:

Das sagst du dazu:

Das Kind ist von sich überzeugt. Es weiß, was es kann, vertritt seine Meinung und kann sich durchsetzen. Zugleich zeigt es empathisches Verhalten und Verantwortungsbewusstsein.

Beobachten Sie das Kind im Alltag und geben Sie ihm eine persönliche Rückmeldung zu seinem Verhalten. Wie würde sich das Kind zeichnen, wenn es ein Tier wäre, und warum? Schreiben Sie sämtliche Ideen, Kommentare und Beobachtungen auf.

Eltern

4;06–5;06 Jahre

Kognitive Kompetenzen

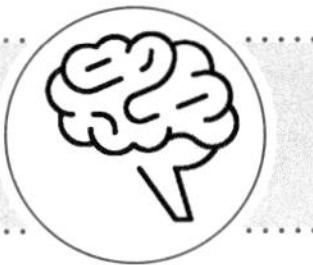

Du kannst deinen Namen und deine Adresse vollständig benennen.

Name: .... Alter: .... Datum: ....

Hier wohnst du:

Deine Adresse lautet:

Ihr Kind kann seinen vollständigen Namen nennen und weiß, wo es wohnt (Straßenname, Hausnummer, Stadt bzw. Ort).

Fragen Sie Ihr Kind, in welcher Stadt bzw. welchem Ort und welcher Straße es wohnt. Manche Straßennamen haben eine besondere Bedeutung – schauen Sie gemeinsam im Internet danach! In einem kurzen Brief an Ihr Kind halten Sie seine Reaktionen fest. Wenn möglich, machen Sie ein Foto vor der Haustür.

Du verstehst Anweisungen, Rezepte oder Anleitungen.

Name: .... Alter: .... Datum: ....

Du kannst schon ganz schön viel ...

Wenn du das Bild siehst, dann ...

Das Kind ist in der Lage, z. B. nach einer einfachen Bauanleitung oder einem konkreten Bild selbstständig eine bunte Reihe von Bausteinen nachzulegen oder ein Haus nachzubauen.

Beobachten Sie das Kind: Kann es einer kleinschrittigen Anleitung folgen und entsprechend agieren? Oder benötigt es Ihre Hilfe? Beschreiben Sie die Situation in einem kurzen Brief und machen Sie ein Foto davon, um später darüber in den Austausch zu gehen.

Fachkraft & Kind | 4;06–5;06 Jahre | Kognitive Kompetenzen

Du malst Bilder mit sichtbarer Strukturierung.

Name: .... Alter: .... Datum: ....

Wenn du malst, dann ...

Das sagst du dazu:

Die Gemälde des Kindes sind so strukturiert, dass die Inhalte gut erkennbar sind. Das Kind hat genaue Vorstellungen und einen Plan, was es malen möchte, und setzt diese um.

Nutzen Sie ein Gemälde des Kindes und tauschen Sie sich mit ihm darüber aus. Notieren Sie Ihre Beobachtungen und was das Kind zu seinem Bild sagt. Machen Sie ein Foto von dem Gemälde und, wenn möglich, von einer Malsituation.

Du strebst nach Selbstständigkeit.

Name: .... Alter: .... Datum: ....

Wenn du das Bild siehst, dann ...

Das hast du ganz allein geschafft:

Ihr Kind hat den Wunsch, alles möglichst selbstständig zu erledigen. Es will „groß" sein!

Geben Sie Ihrem Kind kleine Aufgaben (z. B. Tischdecken oder beim Bäcker bezahlen), damit es Erfahrungen sammeln und sich ausprobieren kann. Ihre Eindrücke halten Sie in einem kurzen Brief an Ihr Kind fest. Ein Foto bietet einen guten Gesprächsanlass.

Fachkraft

5;06–6;06 Jahre

Kognitive Kompetenzen

Du kannst dich gut und ausdauernd konzentrieren.

Name: .... Alter: .... Datum: ....

Das Kind kann sich mindestens 30 Minuten lang gut konzentrieren. Es bleibt bei der Sache, ohne sich ablenken zu lassen.

Beobachten Sie das Kind und beschreiben Sie in einem kurzen Brief, wie es sich auf ein Thema oder eine Aufgabe einlässt. Ergänzen Sie ein Foto und tauschen Sie sich mit dem Kind darüber aus: Was fällt ihm dazu ein?

Du planst und gestaltest ein Projekt aktiv mit.

Name: .... Alter: .... Datum: ....

An diesem Projekt hast du teilgenommen:

Wenn du die Bilder siehst, dann ...

Das sind deine Stärken:

Das Kind interessiert sich für Themen. Es gestaltet Projekte der Gruppe aktiv mit und bringt eigene Ideen ein.

Projekte, die gemeinsam mit Kindern entwickelt werden, ermöglichen ein Lernen in allen Bildungsbereichen. Beobachten Sie das Kind: Wie verhält es sich im Projekt? Wie bringt es sich ein? Reflektieren Sie gemeinsam und schreiben Sie die Sichtweise des Kindes dazu auf. Passende Fotos sind eine schöne Ergänzung!

Du gehst selbstständig zur Toilette und putzt dir die Zähne.

Name: .... Alter: .... Datum: ....

Das kannst du schon allein:

Ihr Kind zeigt sich im Alltag selbstständig. Es will vieles allein machen.

Das Streben nach Selbstständigkeit ist wichtig für die kindliche Entwicklung. Beschreiben Sie, was Ihr Kind schon alles eigenständig macht und wie es dabei vorgeht. Ergänzen Sie gern Fotos, die Sie nutzen können, um mit Ihrem Kind ins Gespräch zu kommen.

Du zeigst Geschicklichkeit im Alltag.

Name: .... Alter: .... Datum: ....

Das sagst du dazu:

Das Kind ist geschickt in alltäglichen Dingen. Es kann z. B. selbstständig essen und trinken, auf die Toilette gehen und seine Hände waschen.

Beschreiben Sie konkrete Alltagskompetenzen in einem Brief an das Kind. Fotos von entsprechenden Situationen können Sie einsetzen, um in den Austausch zu kommen.

Du kannst viele lebenspraktische Dinge.

Name: .... Alter: .... Datum: ....

Was du schon alles kannst ...

Das sagst du dazu:

Das Kind hat viel gelernt und besitzt gute lebenspraktische Fähigkeiten (z. B. sich an- und ausziehen, den Tisch decken und abräumen). Es geht dabei systematisch vor.

Gehen Sie mit dem Kind ins Gespräch und beschreiben Sie, wo Sie das Kind im Alltag als selbstständig erleben. Eine gute Gesprächsgrundlage können Fotos sein, auf denen das Kind zu sehen ist. Warum ist es dem Kind wichtig, vieles schon eigenständig erledigen zu können?

Du räumst deine Sachen selbstständig weg.

Name: .... Alter: .... Datum: ....

Ihr Kind ist in der Lage, ein Spiel selbstständig aufzuräumen oder seine Anziehsachen ordentlich im Schrank oder in der Garderobe zu verstauen.

Beschreiben Sie in einem Brief, wie Ihr Kind reagiert, wenn es Dinge wegräumen soll. Ist es dazu bereit oder sträubt es sich dagegen? Machen Sie, wenn möglich, ein Foto – das ist eine gute Grundlage, um mit Ihrem Kind ins Gespräch zu gehen.

Fachkraft | 5;06–6;06 Jahre | Alltagskompetenzen

Du kennst die Verkehrsregeln und handelst entsprechend.

Name: .... Alter: .... Datum: ....

Im Straßenverkehr weißt du schon, dass ...

Bei dieser Ampel muss ich stehen!

Bei dieser Ampel darf ich gehen!

Das Kind kann sich gut im Straßenverkehr orientieren. Es kennt die wichtigsten Verkehrsregeln (z. B. Ampel, Zebrastreifen, Geh- und Radweg) und ist in der Lage, diese umzusetzen.

Unternehmen Sie mit der Gruppe regelmäßig Ausflüge, bei denen die Verkehrserziehung im Vordergrund steht, oder bauen Sie einen Verkehrsparcours auf. Wie verhält sich das Kind im Straßenverkehr? Ein Foto dient als Gesprächsanlass – das Kind kann die vorgedruckten Ampeln ausmalen.

Fachkraft & Kind

5;06–6;06 Jahre

Alltagskompetenzen

Du übernimmst Aufgaben im Gruppenalltag.

Name: .... Alter: .... Datum: ....

Du übernimmst die Aufgabe, ...

Wenn du das Bild siehst, dann ...

Das Kind hilft aktiv und selbstverständlich mit. Es kann Aufträge zuverlässig ausführen und bietet sich bereitwillig an, wenn es etwas zu erledigen gibt.

Es gibt viele Alltagsaufgaben in der Gruppe, bei denen Kinder unterstützen können (z. B. Tischdecken, Blumengießen, Tageskalender). Fragen Sie das Kind, welche Aufgaben es gern übernehmen möchte, und beobachten Sie es bei der Ausführung. Anhand eines Fotos holen Sie später ein Feedback des Kindes ein.

Du benutzt Spielgeräte, kletterst und hüpfst.

Name: .... Alter: .... Datum: ....

Wenn du auf dem Spielplatz bist, dann ...

Dein liebstes Spielgerät:

Das sagst du dazu:

Ihr Kind bewegt sich gern und nutzt Rutsche, Klettergerüst oder Trampolin, z. B. auf dem Spielplatz oder im Garten.

Besuchen Sie regelmäßig mit Ihrem Kind einen Spielplatz, wo es mit anderen Kindern spielen und sich ausprobieren kann. Beschreiben Sie dann in einem kurzen Brief, wie Ihr Kind die Spielgeräte nutzt. Bewegt es sich gern? Wie sicher ist es dabei? Wenn möglich, ergänzen Sie Fotos, über die Sie sich austauschen können.

Du bist feinmotorisch geschickt.

Name: .... Alter: .... Datum: ....

Mit deinen Händen kannst du ...

Das Kind hat ein differenziertes Gefühl für seine Hände und Finger, eine gute Kraftdosierung und kann feine Bewegungen mit der Hand ausführen.

Beobachten Sie das Kind, wenn es z. B. malt oder bastelt: Wie geschickt ist es dabei? Wie viel Fingerspitzengefühl hat es? Schreiben Sie einen kurzen Brief und ergänzen Sie Fotos.

Du schneidest sicher mit der Schere.

Name: .... Alter: .... Datum: ....

Das hast du ausgeschnitten:

Das Kind benutzt eine Schere korrekt und geht geschickt damit um. Es kann sowohl in einer geraden Linie als auch Bögen und Zacken schneiden.

Beobachten Sie das Kind im Umgang mit der Schere: Wie sicher und genau kann es schon schneiden? Kleben Sie gemeinsam einen Ausschnitt in die Vorlage: Was sagt das Kind dazu? Halten Sie alles schriftlich fest.

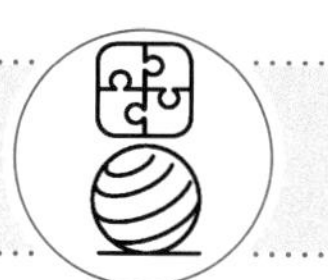

Du fängst den Ball mit beiden Händen.

Name: .... Alter: .... Datum: ....

Das sagst du dazu:

Ihr Kind zeigt Geschicklichkeit, wenn Sie mit ihm Ball spielen. Es beobachtet den Ball und fängt ihn mit beiden Händen auf.

Lassen Sie Ihr Kind einen Ball werfen und fangen. Wie verhält sich Ihr Kind dabei? Hat es Spaß? Tut es sich leicht oder schwer? Beschreiben Sie Ihre Beobachtungen in einem kurzen Brief. Wenn möglich, machen Sie ein Foto, über das Sie mit Ihrem Kind sprechen können.

Du steigst geschickt über Gegenstände und weichst Hindernissen aus.

Name: .... Alter: .... Datum: ....

Das sagst zu dazu:

Das Kind hat eine gute Körperkoordination. Es weiß, wann es ausweichen bzw. stoppen muss. Über Gegenstände kann es steigen, ohne sich festzuhalten.

Beobachten Sie das Kind im Alltag oder bei einem Bewegungsparcours. Machen Sie Fotos, die Sie mit dem Kind besprechen können: Was erzählt es von seinen Erfahrungen? Schreiben Sie die Antworten auf und ergänzen Sie einen Brief mit Ihren Eindrücken.

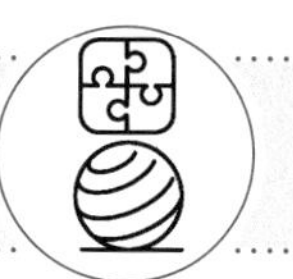

Du zeigst eine gute Koordination bei komplexen Abläufen.

Name: .... Alter: .... Datum: ....

Das sagst du dazu:

Das Kind zeigt in seinen Bewegungen, dass es seinen Körper, entsprechend der Situation, steuern kann.

Beobachten Sie das Kind in einer Bewegungsbaustelle, im Außenbereich oder im Bewegungsraum: Wie geschickt bewegt es sich, wenn es beispielsweise durch einen Tunnel kriecht, über einen Balken balanciert oder einen schmalen Gang passiert? Notieren Sie Ihre Beobachtungen und ergänzen Sie Fotos als Gesprächsanlass.

Eltern | 4;06–5;06 Jahre | Mathematische und naturwissenschaftliche Kompetenzen

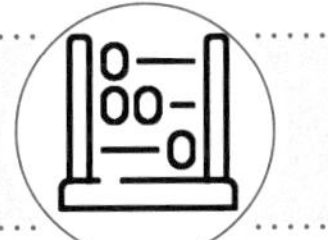

Du kannst Tiere benennen.

Name: .... Alter: .... Datum: ....

Das sagst zu dazu:

Ihr Kind kennt verschiedene Tiere und weiß, wie sie heißen.

Kindgerechte Sachbücher über Tiere oder z. B. der Besuch eines Bauernhofs erweitern das Wissen Ihres Kindes. Beschreiben Sie Ihre Erfahrungen mit Ihrem Kind in Briefform: Interessiert es sich für Tiere? Fällt es ihm leicht, Tierarten zu benennen? Ergänzen Sie Fotos, über die Sie mit Ihrem Kind ins Gespräch kommen.

Du vervollständigst Muster und kannst Dinge nachbauen.

Name: .... Alter: .... Datum: ....

Das Kind erkennt die Systematik von Mustern und kann diese weiterführen bzw. umsetzen. Es ist in der Lage, ein Haus oder einen Turm, z. B. mit Bausteinen, nachzubauen.

Um Muster nachzuzeichnen, nachzulegen oder etwas nachzubauen, gilt es, genau hinzuschauen – eine gute Übung zur Förderung der visuellen Wahrnehmung! Beobachten Sie das Kind bei seinem Tun. Über ein Foto kommen Sie später ins Gespräch. Ihre Beobachtungen und die Kommentare des Kindes notieren Sie in einem kurzen Brief.

Fachkraft & Kind

4;06–5;06 Jahre

Mathematische und naturwissenschaftliche Kompetenzen

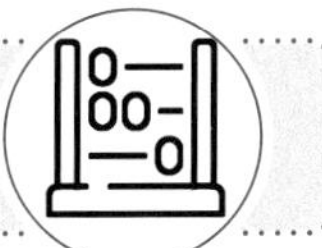

Du ordnest Zahlen und Mengen zu.

Name: .... Alter: .... Datum: ....

1 8 3

6 2

4 7

9 5

Das Kind benennt Zahlen und ordnet diese den entsprechenden Mengen zu. Es kann sich im Zahlenraum bis 10 orientieren und weiß im Vergleich, welche Zahl größer bzw. kleiner ist.

Legen Sie zehn Zettel, beschriftet mit den Zahlen von 1 bis 10, der Reihe nach auf den Boden. Ist das Kind in der Lage, sich auf eine bestimmte, von Ihnen genannte Zahl zu stellen? Weiß es, welche Zahlen davor und danach kommen? Beschreiben Sie Ihre Beobachtungen und kleben Sie ein Foto mit ein.

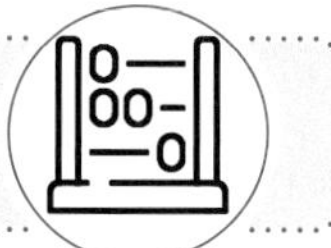

Du benennst Naturphänomene und kannst diese beschreiben.

Name: .... Alter: .... Datum: ....

Du weißt schon einiges über ...

Ihr Kind kennt die Jahreszeiten und Wetterphänomene (z. B. Schnee, Gewitter, Regenbogen). Es kann beschreiben, warum es Tag und Nacht gibt.

Lesen Sie gemeinsam mit Ihrem Kind entsprechende Sachbücher. Erklären Sie die Zusammenhänge bzw. lassen Sie Ihr Kind erzählen, was es schon weiß. In einem kurzen Brief an Ihr Kind, können Sie Ihre Eindrücke und Erfahrungen beschreiben. Gibt es vielleicht ein passendes Foto?

Du erkennst Formen und Gegenstände.

Name: .... Alter: .... Datum: ....

Das Kind kann Formen (z. B. Kreis, Dreieck, Viereck) und Gegenstände (z. B. Tasse, Teller, Schrank) in unterschiedlichen Darstellungen erkennen und benennen.

Geben Sie dem Kind Klebezettel mit dem Auftrag, runde, dreieckige oder viereckige Gegenstände im Gruppenraum oder in der ganzen Einrichtung zu identifizieren. Das Kind klebt die Zettel an die entsprechenden Stellen. Fotografieren Sie es dabei und notieren Sie später, was Sie beobachtet haben.

Fachkraft & Kind

5;06–6;06 Jahre

Mathematische und naturwissenschaftliche Kompetenzen

Du interessierst dich für Experimente.

Name: .... Alter: .... Datum: ....

Wenn du die Bilder siehst, dann ...

Dein interessantestes Experiment:

Das Kind zeigt sich interessiert, wenn Dinge ausprobiert und Experimente durchgeführt werden. Es beobachtet und fragt nach.

Bieten Sie kleine Experimente an und stellen Sie verschiedene Materialien zum eigenständigen Forschen und Experimentieren zur Verfügung. Ist das Kind beim Experimentieren konzentriert bei der Sache? Stellt es Fragen? Ergänzen Sie Ihre Beobachtungen durch Fotos, um Situationen nachträglich gemeinsam zu reflektieren.

Du stellst W-Fragen: Warum? Wo? Was? Wer? Weshalb?

Name: .... Alter: .... Datum: ....

Du willst vieles wissen ...

?

Diese Themen interessieren dich besonders:

Das sagst du dazu:

Ihr Kind ist wissbegierig. Es zeigt Interesse an Neuem, will die Welt verstehen und fordert Erklärungen ein.

Nicht zu jeder Frage werden Sie eine Antwort parat haben. Gehen Sie mit Ihrem Kind in die Bücherei und suchen Sie gemeinsam nach Büchern, die Lösungen für seine Fragen bieten. Beschreiben Sie in einem kurzen Brief, wie Sie Ihr Kind erleben. Ein passendes Foto können Sie ergänzen.

Du erklärst, was du spielst.

Name: .... Alter: .... Datum: ....

Das sagst du dazu:

Das Kind hat klare Vorstellungen von seinem Spiel und kann dies differenziert beschreiben. Es ist in der Lage, zu erklären, warum es etwas macht.

Beobachten Sie das Kind beim Spiel und machen Sie Fotos von ihm. Nutzen Sie die Bilder später als Gesprächsanlass: Was erzählt das Kind dazu? Notieren Sie seine Aussagen und ergänzen Sie Ihre Beobachtungen.

Du zeigst Freude an der Sprache.

Name: .... Alter: .... Datum: ....

Das sagst du dazu:

Das Kind zeigt Sprachfreude, indem es mit Wörtern spielt. Vielleicht erfindet es gern Quatschreime oder erzählt Geschichten. Es nutzt seinen erworbenen Wortschatz.

Beobachten Sie das Kind: Wie setzt es seinen Wortschatz ein? Spielt es mit Wörtern? Kann es in Rollenspielen seinen Text passend betonen? Notieren Sie Ihre Beobachtungen in einem kurzen Brief an das Kind und ergänzen Sie Fotos von verschiedenen Situationen. Was sagt das Kind dazu?

Du kannst Gespräche führen.

Name: .... Alter: .... Datum: ....

Ihr Kind hat einen umfassenden Wortschatz. Es kann Gespräche führen, nachfragen, zuhören und mit einer entsprechenden Antwort reagieren.

Beschreiben Sie in Briefform, wie Sie die sprachliche Kompetenz Ihres Kindes erleben. Wenn möglich, ergänzen Sie ein passendes Foto.

Du fragst nach Wortbedeutungen.

Name: .... Alter: .... Datum: ....

Das lustigste Wort, das du kennst:

Das schwierigste Wort, das du kennst:

Das Kind zeigt Interesse an Sprache. Es möchte die Bedeutung von Wörtern erfahren und fragt nach.

Sammeln Sie in der Gruppe „schwierige", „verbotene" und „lustige" Wörter in entsprechenden Wörterdosen. Immer wenn im Alltag ein neues Wort auftaucht, schreiben Sie es auf einen Zettel und fügen diesen gemeinsam der Dose hinzu. Beschreiben Sie die Erfahrungen des Kindes in einem kurzen Brief und ergänzen Sie ein Foto.

Fachkraft & Kind

5;06–6;06 Jahre

Sprachliche Kompetenzen

Du kannst „Wenn-dann-Fragen" beantworten.

Name: .... Alter: .... Datum: ....

Das Kind ist sich darüber im Klaren, dass Handlungen Folgen haben können. Es macht sich Gedanken über mögliche Konsequenzen, wie z. B.: „Wenn ich kopfüber die Rutsche hinunterrutsche, tue ich mir vielleicht weh."

Greifen Sie „Wenn-dann-Fragen" im Alltag auf, z. B.: „Wenn es gleich regnet, gehen wir dann trotzdem nach draußen?" Überlegen Sie gemeinsam, wie die Antwort aussehen könnte. Ihre Erfahrungen und Beobachtungen halten Sie in Briefform fest.

Ich bin ein Schulkind!

Name: .... Alter: .... Datum: ....

Wenn du an die Schule denkst, dann ...

Darauf freust du dich am meisten:

Der Schulbeginn steht vor der Tür – ein aufregender Meilenstein für das Kind! Im letzten Jahr hat es viel gelernt und erfahren.

Was sagt das Kind über sich: Freut es sich auf die Schule? Hat es Bedenken? Was hat ihm im letzten Kita-Jahr besonders gefallen und was nicht? Was ist ihm wichtig, Ihnen zu sagen? Schreiben Sie alles auf und fragen Sie, mit wem das Kind ein Abschiedsfoto machen möchte.

Name: .... Alter: .... Datum: ....

5. Anhang

Protokoll: Erstgespräch mit dem Vorschulkind

Name des Kindes:	Alter des Kindes:
Muttersprache:	Datum:
Name der Fachkraft:	

Stand der Dinge	Nun bist du schon eine ganze Weile in der Kita und konntest vieles erleben. Wie geht es dir?
	Was gefällt dir gut?
	Was gefällt dir nicht?
Wünsche	Was wünschst du dir als Vorschulkind?
Ziele	Was möchtest du gern noch lernen?
	Gibt es etwas Besonderes, was du als Vorschulkind machen möchtest?

Elternbrief: Einladung zur Mitarbeit am Vorschul-Portfolio

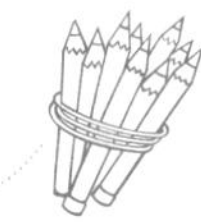

Liebe Eltern,

Ihr Kind geht nun schon in großen Schritten auf die Einschulung zu. Damit der Übergang in die Schule gut gelingt, möchten wir Ihr Kind gut begleiten.

Im letzten Kindergartenjahr beobachten und unterstützen wir Ihr Kind darin, Kompetenzen zu entwickeln und zu festigen, die es für das schulische Lernen und Leben benötigt. Zu diesem Zweck führen wir gemeinsam mit Ihrem Kind ein **Portfolio**. Das Portfolio ist ein Ordner, in dem wir die Entwicklung Ihres Kindes mit Bildern und kurzen Texten festhalten. Haben Sie Lust, auch etwas dazu beizutragen? Vielleicht ein Foto, das eine besondere Situation abbildet? Oder ein bestimmtes Erlebnis, das Sie aufschreiben möchten?

Wir stellen Ihnen gern **Vorlagen** zur Verfügung, die Sie ganz einfach selbst gestalten können. Zeigen Sie Ihrem Kind z. B. ein **Foto**, das Sie von ihm gemacht haben, und tauschen Sie sich mit ihm darüber aus. Notieren Sie gern Ihre persönliche **Geschichte** dazu, die aus einem Wort oder mehreren Sätzen bestehen kann. Dabei können Sie in der Du-Form schreiben und Ihr Kind direkt ansprechen.

Sie erleben mit Ihrem Kind andere Dinge als wir: den Besuch bei Bekannten, einen Ausflug in den Zoo oder das Schwimmbad, einen Urlaub in den Bergen, am Meer oder zu Hause. Bei uns wiederum lernt und entwickelt sich Ihr Kind in einer Gruppe Gleichaltriger und erlebt sich und sein Umfeld anders als zu Hause. Indem Fachkräfte, Eltern und Kinder **gemeinsam den Portfolio-Ordner für Vorschulkinder gestalten** und ergänzen, kann ein umfassendes Lernportfolio entstehen!

Wichtig: Es gibt dabei kein Richtig oder Falsch! Bei Ihrem Beitrag zum Portfolio geht es um Ergänzung, Mitwirkung und die Sammlung schöner Erinnerungen. Der Ordner ist Eigentum Ihres Kindes und wird ihm zum Ende seiner Zeit bei uns überreicht.

Wenn Sie Fragen haben, freuen wir uns, mit Ihnen darüber ins Gespräch zu kommen.

Mit herzlichen Grüßen

....

Satzbausteine für das Portfolio:
So oder ähnlich könnten Ihre Einträge ins Portfolio beginnen:

Wir haben zusammen ... gemacht.

Das war ein schöner Tag mit ...

Liebe*r ..., hier hast du mit ... gespielt. Dabei hast du ...

Protokoll: Kindzentrierte Fallbesprechung

Name des Kindes:	Alter des Kindes:
Familiensprache:	Datum:
Name der Fachkraft:	

Kompetenzen	Welche Kompetenzen und Ressourcen haben wir beim Kind entdeckt? Welchen Bildungsbereichen können wir diese zuordnen?
Interessen	Wo sehen wir einen besonderen Interessenbereich?
Hintergrund	Was fällt uns im Alltag auf? Warum kann das Kind etwas nicht? Hatte es ausreichend Möglichkeit, dies zu üben? Ist es aus Sicht des Kindes wichtig, diese Fähigkeit zu erwerben?
Ziel	Was sollte das Kind lernen? Wo wird Förderbedarf deutlich?
Maßnahmen	Welche pädagogischen Handlungsstrategien verfolgen wir? Welche Unterstützung bieten wir dem Kind kleinschrittig an?
Erfolgskontrolle	Wann soll die Überprüfung des Vorgehens stattfinden? Wurde das Ziel erreicht?

6. Ergänzung

Portfolio für die gesamte Krippen- und Kita-Zeit

Portfolio-Arbeit bietet nicht nur für den Vorschulbereich, sondern auch für den Kindergarten generell und für den U3-Bereich vielfältige Möglichkeiten, partizipatorisch mit Kindern zusammenzuarbeiten. Sie beobachten und begleiten jedes Kind in seiner individuellen Entwicklung und fordern es dazu auf, an seinem Portfolio altersgemäß aktiv mitzuarbeiten. Sobald ein Kind eigenaktiv handelt und Kommunikationsmöglichkeiten für sich entdeckt hat, ist Partizipation selbstverständlich. Eine hilfreiche Grundlage für die Portfolio-Arbeit in Kindergarten und Krippe bietet Ihnen die unten genannte Literatur inklusive entsprechender Beobachtungsbogen. Dabei werden jeweils die altersgemäßen Themen und Kompetenzen berücksichtigt – für ein umfassendes und fördergenaues Portfolio!

Literatur

Kornelia Schlaaf-Kirschner:
Der Beobachtungsbogen für Vorschulkinder. Mit Infos und Förderideen für die Kita-Praxis.
Verlag an der Ruhr: Mülheim an der Ruhr, 2016.
ISBN 978-3-8346-3213-5

Kornelia Schlaaf-Kirschner:
Das große Entwicklungsposter – Vorschulkinder. Mit 10 Kompaktübersichten für Eltern und Team.
Verlag an der Ruhr: Mülheim an der Ruhr, 2020.
ISBN 978-3-8346-4316-2

Kornelia Schlaaf-Kirschner:
Mehrsprachiger Kriterienkatalog zum Beobachtungsbogen für Vorschulkinder.
10er-Set mit Arabisch, Englisch, Französisch, Russisch, Türkisch, Ukrainisch.
Verlag an der Ruhr: Mülheim an der Ruhr, 2023.
ISBN 978-3-8346-6262-0

Kornelia Schlaaf-Kirschner & Diana A. Gerhardt:
Portfolio-Vorlagen für Kinder von 3–6 – passend zum Beobachtungsbogen: Für Kita und Kindergarten.
Verlag an der Ruhr: Mülheim an der Ruhr, 2023.
ISBN 978-3-8346-6398-6

Kornelia Schlaaf-Kirschner & Diana A. Gerhardt:
Portfolio-Vorlagen für Kinder unter 3 – passend zum Beobachtungsbogen: Für Kita, Krippe und Tagespflege.
Verlag an der Ruhr: Mülheim an der Ruhr, 2023.
ISBN 978-3-8346-6263-7